AF222549

Norbert Zimmermann

Der zweite Untergang
der TITANIC

„Sie war ein wunderschönes Schiff. Sie sah überwältigend aus und so sollten wir Sie auch in Erinnerung behalten"

Eva Hart, TITANIC - Überlebende

Bibliografische Information der Deutschen Nationalbibliothek

Die Deutsche Nationalbibliothek verzeichnet diese Publikation in der Deutschen Nationalbibliografie; detaillierte bibliografische Daten sind im Internet über http://dnb.d-nb.de abrufbar.

ISBN: 9783756873692

1.Auflage September 2014/ 2.Auflage Oktober 2022

Covergestaltung: Norbert Zimmermann

Herstellung und Verlag: BoD – Books on Demand, Norderstedt

Inhaltsverzeichnis

Prolog

Seit der Veröffentlichung der ersten Auflage dieses Buches sind mittlerweile 8 Jahre vergangen und seitdem hat sich in der TITANIC-Forschung und auch in dem seit der offiziellen Entdeckung des Wracks im Jahre 1985 schwelenden Streit um die Artefakte des weltberühmten Luxusliners sehr viel getan.

So habe ich den Entschluss gefasst, eine zweite, aktualisierte Auflage von „Der zweite Untergang der TITANIC" zu schreiben um meine Leser auf den neuesten Stand der Dinge zu bringen. Insbesondere das Kapitel „Das Gezerre um das Wrack der TITANIC" ist nun auf dem neuesten Stand der Entwicklung.

Ich bin schon sehr gespannt auf die Reaktionen zu diesem Buch das doch sehr kritisch mit der Bergungsfirma, die sich bereits so häufig neu gegründet hat das es schon Schwierigkeiten bereitetet das nachzuhalten, auseinandersetzt.

Nach dem Erscheinen der 1.Auflage dauert es nicht lange bis die ersten Störfeuer gegen mich eröffnet wurden. Ich habe lange überlegt ob ich es publik machen soll, aber ich hatte damals die Möglichkeit in der Onlineausgabe der „Huffington Post" etwas Werbung für dieses Buch zu machen. Kaum hatte ich den Artikel veröffentlicht, ging in der Redaktion der „Huffington Post" ein anonymer Anruf ein, der mich und mein Buch

auf das Übelste verunglimpfte. Es ging so weit, dass mein Artikel offline gestellt wurde.
Erst nachdem ich in der Redaktion anrief und ein langes Gespräch mit dem Chefredakteur geführt habe, wurde der Artikel wieder veröffentlicht. Es scheint so, als ob ich mit diesem Buch bei einigen einen Nerv getroffen hatte und ich mundtot gemacht werden sollte!

Auch das der von mir in diesem Buch thematisierte offene Brief von Paul-Henri Nargeolet an Dr. Robert Ballard selbst in Fachkreisen kaum noch bekannt ist, wie ich in einigen Gesprächen mit Titanic-Experten zu meinem Schrecken habe feststellen müssen, hat mich dazu bewogen diese Neuauflage zu schreiben. Ich habe einige Kapitel so belassen wie sie in der Originalfassung von 2014 von mir verfasst wurden, während ich bei den anderen Kapiteln die neueste Entwicklung berücksichtigt habe.

Ich hoffe, dass dieses aktualisierte Buch meine Leser erneut fesseln und zum Nachdenken anregt.

Norbert Zimmermann

Einleitung

Die Geschichte der TITANIC beschäftigt seit nunmehr über 110 Jahren die Menschen und lässt viele von ihnen nicht mehr los.

Der tragische Untergang des Luxusliners in einer mondlosen Nacht am 15.April 1912 hat bis heute nichts von seiner traurigen Faszination verloren. Über 1500 Menschen verloren in dieser schrecklichen Nacht ihr Leben und wie man damals wie heute schon wusste: Es war absolut vermeidbar!

Nach der Tragödie verschwand das Wrack des Luxusliners für über 73 Jahre von der Bildfläche. Es liegt in 3800 Metern Tiefe und die Technik, um in eine solche Tiefe vordringen zu können, war lange nicht vorhanden. Erst seitdem das Wrack entdeckt wurde, war es möglich, einige Fragen zum Hergang des Untergangs wirklich zu beantworten.

Die Expeditionen zum Wrack förderten einige sehr wichtige Erkenntnisse zutage, wie zum Beispiel das Auseinanderbrechen des Schiffes während des Untergangs und einiges mehr. Nur wurde auch sehr schnell klar, dass mit der TITANIC immer noch sehr viel Geld zu verdienen war und hier beginnt der für mich so zu nennende „zweite Untergang der TITANIC".

Viele der geborgenen Artefakte und Erinnerungsstücke, wie z.B. persönliche Briefe der Passagiere, wurden in

9

Auktionen meistbietend verkauft. Auf diese Art gingen viele wunderbare Dinge von Bord der TITANIC in privaten Besitz über, obwohl sie in Museen besser aufgehoben wären.

Ein besonders trauriger Fall ist dabei das Auffinden der Parfümproben des deutschstämmigen Passagiers Adolphe Saalfeld. In seiner Kabine hatte er einen Lederkoffer mit 65 Essenz-Ölen in kleinen Glasröhrchen stehen lassen, die er für seine neue Parfümkollektion benötigte. Viele Jahrzehnte später wurden diese Glasröhrchen von der Bergungsfirma der TITANIC vom Meeresboden geborgen und als neues Parfüm wieder aufgelegt, ohne allerdings den Nachkommen von Adolphe Saalfeld auch nur einen Cent vom Erlös des Parfüms abzugeben.

So viel zu dem einmal von der Bergungsfirma gegebenen Versprechen sämtliche Artefakte, die einwandfrei einer Person zuzuordnen sind, an die Angehörigen zurückzugeben…

In diesem Buch wird beschrieben, wie der „zweite Untergang der TITANIC" vonstattenging und noch immer geht.

Für all jene, denen die Historie der TITANIC am Herzen liegt kann man nur hoffen, dass das Gezerre um das Wrack und ihre Bergungsrechte irgendwann ein Ende findet und es eine vernünftige Lösung des Problems gibt.

Aber allein, mir fehlt der Glaube!

Die Posse um Robert Ballard, oder wer fand das Wrack?

In den 110 Jahren seit ihrem tragischen Untergang im eisigen Nordatlantik wurde so viel über den Untergang der TITANIC berichtet und geschrieben, dass der Eindruck entstanden ist, dass bereits alles zu diesem Thema gesagt wurde. Aber das ist absolut nicht der Fall...

So ist z.B. die sogenannte „Entdeckung des Wracks der TITANIC" durch Robert Ballard und Jean Louis Michel (dessen Beteiligung an der Expedition wurde fast komplett unter den Tisch fallen gelassen. Den meisten Laien ist nur der Name Ballard ein Begriff) in TITANIC-Kreisen sehr umstritten.

In den Geschichtsbüchern gilt Sonntag, der 1.September 1985 als der Tag, an dem Dr. Robert Ballard (und Jean Louis Michel) das Wrack der TITANIC in einer Tiefe von 3800 Metern entdeckten. Seit diesem Tag wird Ballard als der „Entdecker des Wracks der TITANIC" weltweit gefeiert.

Bemerkung am Rande: Selbst die Videoaufnahmen der „Entdeckung" der TITANIC sind nicht echt. Da Robert Ballard schlafend in seiner Kabine lag als das Wrack

„gefunden" wurde, beschloss man kurzerhand die Auffindung des TITANIC-Wracks für die Nachwelt noch einmal, diesmal mit Robert Ballard nachzustellen. Also sind die berühmten Ausrufer der Crew des Forschungsschiffs: „A boiler, this is a boiler!" mit einem feiernden Robert Ballard nur eine Illusion für die Nachwelt. So viel zum Thema Authentizität...

Aber waren sie damals wirklich die ersten, die das Wrack der TITANIC fanden?

Ein mittleres bis großes Erdbeben in der TITANIC-Fachwelt gab es im Jahre 2005, als Paul-Henri Nargeolet, der als Co-Leiter an fünf Expeditionen zum Wrack der TITANIC dabei war, in einem offenen Brief an Ballard die Bombe platzen ließ:

Das Wrack der TITANIC wurde nicht von Ballard entdeckt, sondern acht Jahre zuvor von der britischen Marine!

Die HMS Hecate, ein hydrographisches Schiff der britischen Royal Navy, kartierte die "Wege der Atom-U-Boote" im Nordatlantik und entdeckte ein "großes Schiffswrack in zwei Teilen".

Das große Problem bei der Entdeckung des Wracks der TITANIC durch die HMS Hecate ist jedoch, dass es sich um eine streng geheime Mission gehandelt haben soll und daher nicht bekannt werden durfte, dass die Briten überhaupt in diesem Gebiet waren. Die Entdeckung des Wracks blieb also wahrscheinlich "streng geheim"!

Um eines klarzustellen: Natürlich haben Ballard und Michel die TITANIC am Sonntag, den 1.September 1985 aufgespürt und als erste auch Aufnahmen für die Nachwelt gemacht, aber ob sie wirklich die ersten waren, die das Wrack, oder Teile des Wracks, fanden, ist weiterhin sehr umstritten.

Die verhängnisvolle Route der TITANIC auf ihrer Jungfernfahrt im April 1912 © gemeinfrei

Aber warum wird seit 1985 steif und fest behauptet, dass Robert Ballard das Wrack „fand" und jeder Versuch das Gegenteil zu behaupten schon fast als Blasphemie gegeißelt?

Die Wahrheit ist so einfach wie banal: Es geht in dieser Angelegenheit um sehr viel Geld, denn wenn die Wahrheit über einige Aspekte der Wrackfindung an die Öffentlichkeit gelangen würden, dann müssten sich viele sehr warm anziehen.

Und was passiert, wenn jemand gegen den Strom schwimmt, musste ein gewisser Jack Grimm am eigenen Leibe erfahren.

Zum besseren Verständnis: Der exzentrische, texanische Öl-Millionär (von seinen Freunden auch Cadillac-Jack genannt) fand im Jahre 1981 bei der zweiten seiner drei von ihm selbst finanzierten Expeditionen zur Suche des Wracks der TITANIC, ein Propellerblatt des Luxusliners, dass bei der Kollision des Schiffes mit dem Eisberg abbrach. Nur wird bis heute strikt geleugnet, dass er es wirklich fand...

Der TITANIC-Historiker Andreas Pfeffer hat vor allem die Aussage des Zweiten Offiziers Charles Herbert Lightoller vor dem britischen Untersuchungsausschuss untersucht, und ist zu einem bemerkenswerten Ergebnis gekommen, das von den Experten konsequent ignoriert wurde:

Nach der Aussage von Charles Herbert Lightoller hat die TITANIC bei der Kollision mit dem Eisberg ein Propellerblatt verloren und dieses Propellerblatt wurde von Jack Grimm bei seiner Expedition im Jahr 1981 gefunden!

Vor dem Ausschuss antwortete Lightoller am Montag, den 20. Mai 1912 auf die Frage des Vorsitzenden Lord Mersey, ob er die Kollision des Schiffes mit dem Eisberg gespürt habe:

"Es lässt sich am besten mit einem Ruck und einem knirschenden Geräusch beschreiben. Es gab ein leichtes Rütteln, gefolgt von diesem knirschenden Geräusch. Mir kam es so vor, als hätten wir etwas getroffen, und als ich dann darüber nachdachte, hatte ich das Gefühl, dass sie mit ihren Propellern etwas getroffen haben könnte, und bei näherem

Nachdenken dachte ich, dass sie vielleicht mit ihrem Propeller gegen ein Hindernis gestoßen war und die Blätter abgerissen hatte. Es gab ein leichtes Rütteln, gefolgt von einem Schleifen - ein leichtes Anstoßen."

Lord Mersey hakte hier verwundert nach und fragte ihn:

"Ich habe Sie so verstanden, dass Sie dachten, es seien die Propeller?"

Lightollers Antwort auf diese Frage war kurz und bündig, aber unmissverständlich: *"Ja."*

Als Lord Mersey Lightoller fragte, ob er wisse, woher dieses Geräusch komme, antwortete er:

"Nein, mein Herr. Ich dachte natürlich, es käme von vorne."

"Aber Sie vermuteten, dass das Schiff ein Propellerblatt verloren hat? Was haben Sie getan, nachdem Sie das Geräusch gehört hatten?"

"Ich ging hin, um nachzusehen, was los war."

Im weiteren Verlauf des Verhörs wurde Officer Lightoller dann konkreter. Er erklärte, er habe ein Gespräch zwischen dem Kapitän und einem der Offiziere über das verlorene Blatt mitbekommen.

Lord Mersey fragte daraufhin, welcher Propeller Lightoller zufolge betroffen war.

"Der Steuerbordpropeller, Sir."

Mersey hakte nach und fragte, wie Lightoller dies bemerkt habe. Lightoller antwortete dem vorsitzenden Richter, dass das Schiff daraufhin *"aus dem Ruder gelaufen"* sei.

"Haben Sie irgendwelche Erfahrungen in diesem Bereich? Ich meine, ist Ihnen das in Ihrer bisherigen Laufbahn schon einmal passiert?"

"Ja, Sir, ich habe das in meiner Laufbahn schon zweimal auf anderen Schiffen erlebt. Ich weiß also, wie es sich anfühlt. Der Propeller läuft dann unrund."

Das ist insofern bemerkenswert, da am Wrack der TITANIC just dieser besagten Steuerbordschraube ein Propellerblatt fehlt. Als immer mehr Fragen aufkamen, warum dort ein Propellerblatt abhandengekommen zu sein scheint, kamen dazu von der Bergungsfirma RMS Titanic Inc. immer mehr unterschiedliche Erklärungen.

Zunächst wurde gänzlich bestritten, dass das Propellerblatt fehlt. Es wurde behauptet, es wäre im Schlick begraben und wäre daher nicht mehr sichtbar.

Für den IMAX-Film „TITANICA" fand 1991 eine weitere Expedition zum Wrack der TITANIC statt. In diesem phänomenalen Film mit atemberaubend scharfen Aufnahmen sah man dann erstmals auch die Schiffsschrauben am Heck des Schiffes. Und siehe da: Es war deutlich zu erkennen, dass auf der Steuerbordseite ein Propellerblatt fehlte…

Was tun? Die Bergungsfirma behauptete dann, dass dieses Propellerblatt in dem Augenblick abbrach, als das

Heck mit voller Wucht auf dem Meeresboden aufschlug und dann schließlich zur Ruhe kam.

Diese „Erklärung" ist aber insofern nicht stichhaltig, als das auf der Backbordseite die Schrauben auf die gleiche Art aufgeschlagen sind. Nur dort fehlt natürlich kein Propellerblatt...

Man kann es drehen und wenden wie man will, aber eins scheint ziemlich sicher zu sein: Die TITANIC verlor bei der Kollision mit dem Eisberg ein Propellerblatt!

Neueste Version der Geschichte ist, dass Jack Grimm zwar ein Propellerblatt fand, es aber zu klein gewesen sei, um von der TITANIC zu sein. Wirklich interessant, was noch alles behauptet wird um die Wahrheit zu verschleiern...

Diese ganze Scharade nur dafür, damit nicht bestätigt wird, dass Jack Grimm das Propellerblatt fand?

Es sieht so aus, denn dann wäre rechtmäßig Grimm der Entdecker des Wracks gewesen, da er Teile des Wracks gefunden hat und die RMS Titanic Inc. hätte keinerlei Rechte am Wrack der TITANIC. Wenn man sich dann einmal die Original-Videoaufnahmen der Grimm-Expedition ansieht, kann man sich des Eindrucks nicht erwehren, dass er tatsächlich das Propellerblatt fand. Denn ein „gewaschener Felsen" wie immer wieder behauptet wird, scheint dort nicht zu sehen zu sein. Vielmehr in der Tat ein Propellerblatt!

Zur Entdeckung der HMS Hecate wiederum haben einige „Experten" ihre doch sehr eigene Sicht der Dinge entwickelt, denn sie behaupten, dass die HMS Hecate zwar ein Wrack fand, es aber „ein Witz der Crew" gewesen sei, dass dieses gefundene Wrack die TITANIC war.

Aha, ein Witz der Crew also? So frei nach dem Motto: „ *Ah schau mal!" Ein Schiffswrack! Es ist bestimmt die TITANIC, hahaha!"*

Dazu kann man wirklich nur noch sagen: Du meine Güte. Für wie dumm hält man die Menschen eigentlich? Das schlimme daran ist, dass sehr viele in der sogenannten TITANIC-Szene diese Erklärungen eins zu eins übernehmen und nicht einmal ansatzweise hinterfragen.

Kuriosum am Rande: Es tauchen inzwischen immer mehr „ehemalige Besatzungsmitglieder" der HMS Hecate auf, die wahlweise das Entdeckungsjahr nach vorne oder auch nach hinten verschieben, oder auch ganz abstreiten, dass die TITANIC gefunden wurde. Bei der großen Anzahl an „Besatzungsmitgliedern" fragt man sich dann doch unweigerlich, ob sie wirklich an Bord der HMS Hecate gewesen sind, oder ob sie sich nur wichtigmachen wollen. Vielleich erfährt die Öffentlichkeit im Jahre 2027 mehr, wenn die Akten der HMS Hecate geöffnet werden…

Eines haben sowohl die Geschichte um Jack Grimm als auch die Story der HMS Hecate miteinander gemein:

Die Art der fast schon skurril anmutenden Dementis der Geschichte!

Zum Vergleich:

Jack Grimm:

- Es war nur "ein gewaschener Felsen" den Jack Grimm fand.

- Der TITANIC fehlt überhaupt kein Propellerblatt (erst als es nicht mehr zu leugnen war, wurde ein fehlendes Propellerblatt zugegeben)

- Es ist doch ein Propellerblatt, aber es ist zu klein um von der TITANIC zu stammen.

HMS Hecate:

- Es war ein anderes Schiffswrack das gefunden wurde und es war zufällig wie die TITANIC in zwei Teile zerbrochen (da fragt man sich unwillkürlich: Wie viele große Schiffswracks, die in zwei Teile zerbrochen sind, liegen denn da unten noch in relativer Nähe zueinander?)

- Es war ein "Witz" der Crew, dass das gefundene Wrack die TITANIC sei! (Mein absoluter Favorit...)

- Das Gebiet des Fundes ist falsch, denn schließlich sank die TITANIC 13,2 Seemeilen westlich von der angegebenen SOS- Position. Das allerdings niemals behauptet wurde, dass die Hecate exakt an der SOS- Position der TITANIC das ominöse

„große Schiffswrack in zwei Teilen" fand, fällt hier mal wieder unter den Tisch. Das würde ja auch nicht in den Kram passen…

- Die HMS Hecate kann die TITANIC nicht gefunden haben, sonst hätten es die Briten schließlich bestätigt. Da scheinen die „Experten" aber zu vergessen, dass es eine geheime Mission der HMS Hecate war und eine „Bestätigung" des Fundes daher nicht möglich war. Wenn denn die Geschichte mit der HMS Hecate wirklich stimmt, natürlich.

- Da der Fund ja 1977 stattfand, konnte man zu diesem Zeitpunkt noch nicht wissen, dass die TITANIC in zwei Teile zerbrochen war, denn das weiß man erst seit 1985! Und daher war es nicht die TITANIC die von der HMS Hecate gefunden wurde (welch eine verquere Logik. Spätestens da bin ich raus…).

- Es waren Felsen, die für ein Wrack gehalten wurden (Interessant, welche Felsformationen so aussehen sollen wie ein großes Schiffswrack in zwei Teilen). Auch hört sich das schon wieder verdächtig nach Jack Grimm und seinem „gewaschenen Felsen" an!

Man fragt sich dann wirklich, was für Felsen das sein sollen, die aussehen wie Propellerblätter eines Schiffes oder sogar wie ein großes Schiffswrack in zwei Teilen. Und das alles noch in einem Suchgebiet, in dem die TITANIC letztlich auch gefunden wurde.

Es ist schon sehr auffallend, dass manche Experten (oder solche die sich dafür halten) die 13,2 Meilen Entfernung zur angegebenen Position der TITANIC wie ein Mantra vor sich hertragen und meinen damit das Totschlagargument für jedwede Diskussion gefunden zu haben…

Übrigens: Jack Grimm fand das Propellerblatt laut eigener Aussage „zwischen der angegebenen Position des gesendeten SOS und den aufgefundenen Rettungsbooten!". Also greifen auch hier die besagten 13,2 Seemeilen schon mal nicht. Pech gehabt!

Alles in allem bleibt festzuhalten, dass sich all diese Gründe wie faule Ausreden anhören, nur um Robert Ballard als den „wahren Entdecker" der TITANIC zu bewahren. Nur warum sollte ein Paul-Henri Nargeolet die HMS Hecate als wahren Entdecker der TITANIC benennen, wenn es nicht den Tatsachen entspricht? Es gab diese Gerüchte um die Hecate zwar schon länger, aber Nargeolet bestätigte sie dann mit seiner Aussage.

Aber ich schätze, auch darauf haben einige „Experten" wieder eine passende Antwort…

Jack Grimm hätte übrigens nichts mehr davon als Entdecker der TITANIC oder zumindest Wrackteilen der TITANIC anerkannt zu werden, denn er starb 1998 im Alter von 72 Jahren.

Eine weitere, fast schon komisch anmutende Anekdote ist die Geschichte um die sogenannte „Stauchungsfalte" der TITANIC. Auf der Steuerbordseite, in der Nähe der vorderen Laderäume des Schiffes, befindet sich ein riesiges Loch das von innen nach außen gedrückt ist. Dieses Loch konnte man sich anfangs nicht erklären, denn es lag viel zu hoch um von der Kollision mit dem Eisberg zu stammen. Als dann von einigen der Begriff „Explosionsloch" fiel, erklärte die Bergungsfirma, dass es sich dabei lediglich um eine „Stauchungsfalte" handele, die entstand, als sich der Bug des Schiffes in den Meeresboden gerammt hat.

So weit, so gut. Aber als die Diskussionen über ein „Explosionsloch" nicht endeten, kam die skurrile Erklärung der damaligen Verantwortlichen der Bergungsfirma, dass sich die TITANIC in einem Nato-Übungsgebiet befände und man sie für diverse Orientierungsversuche als Zielkoordinaten registriert habe.

Daher sei es durchaus möglich, dass sich ein Torpedo verirrt habe und dort wieder ausgetreten sei. Wie es dann aber zu erklären ist, dass es nur ein Loch gibt, erschließt sich dem Autor hier nicht. Wenn es eine Eintrittsstelle gibt, muss es doch auch eine Austrittsstelle geben, oder?

Daher erscheint mir die ursprüngliche Erklärung mit der „Stauchungsfalte" die logischere Variante zu sein. Die Erklärung ist sehr plausibel und entspricht mit Sicherheit den Tatsachen. Aber warum gab die Bergungsfirma dann diese vollkommen abstruse Erklärung mit dem Torpedo ab? Das versteht wohl niemand wirklich…

An diesem Modell kann man die „Stauchungsfalte" sehr gut erkennen. © Sammlung des Autors

Die "Rechte" der RMS Titanic Inc. an dem Wrack des gesunkenen Luxusliners sind ohnehin sehr fragwürdig: Es ist sehr ungewöhnlich, dass sich ein amerikanisches Gericht anmaßt, einem amerikanischen Unternehmen die Rechte an einem in internationalen Gewässern gesunkenen Schiffswrack zuzusprechen.

Die TITANIC ist wirklich ein Sonderfall, denn ein Wrack gehört eigentlich demjenigen, der es legal findet und ganz oder teilweise bergen kann. Die TITANIC liegt auf einer unterseeischen Landzunge, die Kanada gehört, aber die Kanadier haben sofort lautstark und schriftlich erklärt, dass sie kein Interesse an dem Wrack haben. Das

Wrack liegt also in internationalen Gewässern, so dass jeder, der die Mittel dazu hat, dort tauchen und Bergungsfahrten organisieren kann.

Versicherungstechnisch übernahm die Cunard Line die White Star Line mit "allen Rechten und Pflichten" und besaß die tatsächlichen Rechte an dem Wrack zumindest bis 2012, als der hundertjährige Versicherungsvertrag auslief. Die Cunard Line weiß aber auch, dass die Amerikaner die größten Anstrengungen in Sachen TITANIC unternommen haben. Es ist daher klar, dass sie indirekt genau diese Bergungsteams unterstützen, um andere tauchbegeisterte Geschäftsleute fernzuhalten.

Wenn man es genau nimmt, würde es wohl reichen, wenn geschäftstüchtige Leute zur Hand wären, die dann einfach zum Wrack tauchen und Bergungsgut mitbringen würden, dann hätten sie plötzlich nach dem Bergungsrecht die gleichen Rechte am Wrack der TITANIC...

Anekdote am Rande: Auch der Brite Douglas John Faulkner Woolley beansprucht das Wrack der TITANIC schon seit vielen Jahren für sich! Im Jahre 1966 hatte Woolley vorgeschlagen, den Rumpf der TITANIC mit Hunderten wassergefüllten Plastikbehältern zu umgeben und Strom durch die Behälter zu leiten. Dadurch sollten Gase freigesetzt werden, die das riesige Schiff an die Oberfläche bringen sollte. Ein anderer Vorschlag Woolleys war, die TITANIC mit Hilfe luftgefüllter Nylonballons zu heben. Das ganze Projekt sollte 5 Millionen Dollar kosten, scheiterte aber. In den 70er Jahren gründete Woolley die Titanic Salvage Company und machte seinen Anspruch auf das Wrack geltend. Er setzte sich eines Abends an seine Schreibmaschine und stellte sich selbst eine Besitztumserklärung für die TITANIC aus und versandte diese in alle Welt, wie z.b. an Reedereien (auch die Cunard Line) und diverse Gerichte und wartete dann entsprechende Fristen ab. Da keinerlei Widerspruch von den angeschriebenen Stellen kam, wähnte sich Woolley fortan in Besitz des TITANIC-Wracks. Er erregte großes Aufsehen mit seiner Ankündigung, die TITANIC finden, heben und nach Liverpool schleppen zu wollen, wo sie zu einem schwimmenden Museum werden sollte. Er versuchte zwar im Laufe der Jahrzehnte Experten und vor allem Geld zur Verwirklichung seiner Pläne zu beschaffen, aber es gelang ihm nicht die 2 Millionen Pfund zusammenzubekommen die er gebraucht hätte, um überhaupt starten zu können. Bis heute war Douglas Woolley übrigens niemals an der Unglücksstelle. Sein neuester „Clou" ist allerdings das Wrack der Queen Elisabeth I zu heben, welche in den 70er Jahren im Hafen von Hongkong ausbrannte. Leider ist Woolley einfach nicht begreiflich zu machen, dass das Wrack der Queen Elisabeth I bereits Ende 1975 verschrottet wurde und Einzelteile des Schiffes unter anderem als Baumaterial beim Bau des Flughafens von Hongkong verwendet wurden.

Von links nach rechts: Douglas Woolley, Norbert
Zimmermann und Gary Smith (Project Controller Seawise
Salvors International) (©Privatbilder Norbert Zimmermann)

Kehren wir für einen Moment zu Jack Grimm und
seinem Propellerblatt zurück:

Bis heute wird Jack Grimm nur als exzentrischer Spinner
dargestellt, der behauptete, ein Propellerblatt der
TITANIC gefunden zu haben, nur damit er "überhaupt
etwas vorzuweisen habe"...

Da die Koordinaten des Propellerblattes bekannt waren,
hatte es Ballard 1985 leichter, die TITANIC zu "finden".
Vielleicht kannte er auch die Daten der HMS Hecate und
waren ihm damit eine große Hilfe, wer weiß...

Jedenfalls behauptete Jack Grimm später, dass er Robert Ballard vor dessen Expedition 1985 all seine Erkenntnisse zur Verfügung gestellt habe. Ballard bestreitet dies jedoch vehement. Es würde auch nicht zu der Heldengeschichte passen, die Ballard seit einigen Jahren erzählt, dass er zunächst in geheimer Mission für die US-Marine zwei gesunkene U-Boote fand und dann von der Marine freie Hand bekam, die TITANIC zu finden.

Aber dazu mehr im Kapitel "Der offene Brief von Paul-Henri Nargeolet an Robert Ballard"...

Wissenschaftliche Erkenntnisse des Untergangs

Die drängendste Frage die sich seit dem 15.April 1912 stellt, ist ohne Zweifel: Wie und vor allem warum ist die legendäre TITANIC damals gesunken?

Zwei Untersuchungsausschüsse, versuchten dieser Frage auf den Grund zu gehen und kamen aufgrund der Zeugenaussagen der Überlebenden zu dem Schluss, dass der Eisberg die TITANIC auf einer Länge von knapp 90 Metern wie eine Sardinenbüchse aufgerissen habe und das zu ihrem Untergang geführt habe.

Erst als das Wrack offiziell gefunden wurde, klärten sich einige Fragen, während wiederum neue Fragen auftauchten. Das Wrack der TITANIC liegt in zwei Teile zerbrochen in 3800 Metern Tiefe auf dem Meeresgrund. Das war schon bemerkenswert, denn man ging bis dahin davon aus, dass die TITANIC in einem Stück ihre Reise auf den Meeresgrund angetreten hätte.

Nach nunmehr über 37 Jahren und vielen Expeditionen zum Wrack des Luxusliners hat sich der Nebel um die Geschehnisse in jener Nacht zumindest etwas verzogen.

Der Eisberg hatte der TITANIC keine klaffende 90 Meter lange Wunde zugefügt, sondern es waren mehrere kleine Beschädigungen an allerdings zu vielen unterschiedlichen Stellen des Schiffes die dazu führten, dass die TITANIC unterging.

Die Theorie um den Untergang des Schiffes erhielt im August 2005 eine neue Wendung, als eine Gruppe von Wissenschaftlern, Tauchern und Kameramännern an Bord des russischen Forschungsschiffes Keldysh zum Wrack der TITANIC aufbrach.

Denn was die Forscher fanden, war eine kleine Sensation. Sie entdeckten zwei bisher unentdeckte, vollständige Bodensegmente vom Rumpf der TITANIC. Nach monatelangen Untersuchungen erschloss sich den Forschern allerdings erst die ganze Bedeutung dieses Fundes, was sie zu der Auffassung kommen ließ, dass die letzten Minuten vor dem Untergang vermutlich ganz anders abgelaufen sind als bisher angenommen wurde.

Anhand der Videobilder des Tauchgangs entstanden zunächst exakte Zeichnungen der beiden Bodenstücke. Die Teile gehörten zusammen und bildeten ein fast 21 Meter langes Element des Doppelbodens.
Sie stammen genau von der Stelle, an der die TITANIC auseinanderbrach. Bisher glaubte man, die betroffenen Teile seien in unzählige kleine Stücke zerborsten und für immer verloren.

Die Wrackteile gaben dann preis, welche Kräfte im entscheidenden Moment auf die TITANIC wirkten.

Die klassische Theorie der TITANIC-Forschung lautete, dass das Schiff erst kurze Zeit vor dem Untergang vollständig auseinanderbrach.

Das Heck ragte über 30 Grad in die Höhe, dann wurde der Druck zu groß und die Konstruktion riss von oben nach unten auseinander. Ein Szenario, in dem die Passagiere wussten, was ihnen bevorstand.

Der neue Fund lässt vermuten, dass es anders war. Der Bruch begann vermutlich schon bei einem spitzeren Winkel. Vielleicht bei weniger als 11 Grad und vollzog sich dann in zwei Schritten.

Der Untergang der Titanic von Willy Stöwer © gemeinfrei

Zuerst versagte der Aufbau der TITANIC. Der Riss reichte bis zum Doppelboden, der das Schiff noch zusammenhielt. Tausende Tonnen plötzlich einschießenden Wassers zogen den Schiffskörper schließlich in der Mitte nach unten.

Die oberen Decks drückten gegeneinander, der Bug sank und zog schließlich auch das Heck in die Tiefe. Jetzt erst riss die Verbindung zwischen Bug und Heckteil.

Das Expeditionsmitglied Roger Long meinte dazu: „Es sah so aus, als würde die TITANIC weiter sehr langsam sinken und noch längere Zeit schwimmen."

Doch nachdem das Mittelteil der TITANIC erst einmal vollgelaufen war, ging alles ganz schnell. Für die Menschen an Bord kam das Ende möglicherweise völlig überraschend.

Ein seit Jahren viel diskutiertes Phänomen beim Untergang ist zweifellos, dass ein Großteil der Überlebenden davon berichtete, dass die TITANIC in einem Stück unterging.

Dafür gibt es eine ganz simple Erklärung:

Die Menschen konnten das Auseinanderbrechen der TITANIC nicht sehen, da es sich unterhalb der Wasserlinie abspielte- außerhalb des Sichtfeldes der Überlebenden. Außerdem brannte bis wenige Sekunden vor dem Auseinanderbrechen des Schiffes noch immer die Schiffsbeleuchtung. Dann ging sie schlagartig aus und es war stockfinstere Nacht. Noch dazu mondlos. Da können die Menschen in den Booten wohl kaum etwas gesehen haben. So sagten einige Überlebende vor dem amerikanischen Untersuchungsausschuss auch nur aus, dass sie „das Gefühl hatten, dass die TITANIC in zwei Teile zerbrach". Aber nicht, dass sie es mit eigenen Augen wirklich „gesehen" haben.

Eine weitere, neue Erkenntnis ist, dass beim Bau des Schiffes Nieten verwendet wurden, deren Strapazicrfähigkeit nicht hoch genug war, um den Zusammenstoß mit dem Eisberg auszuhalten. Einige der Nieten waren maschinell, andere manuell angebracht worden. Zur Vernietung der Schiffshaut wurde von den Arbeitern der Werft Harland &Wolff in Belfast eine riesige Maschine eingesetzt. Da diese Maschine aber zu groß war, um sie am Vorderteil des Schiffes einzusetzen, wurde dieser Teil manuell bearbeitet.

Es wurden schmiedeeiserne Nieten verwendet, da sie manuell einfacher zu verarbeiten sind. Doch Schmiedeeisen ist weniger belastbar als Stahl. Die Arbeiter waren sich dieses Problems bewusst. Um diese Schwäche auszugleichen wurde dem geschmolzenen Eisen eine Schlackesubstanz beigemischt. Durch die Formung winziger Glaspartikel im Inneren des Metalls können die Nieten strapazierfähiger gemacht werden. Doch das Gemisch von Eisen und Schlacke ist bedenklich. Stimmt die Dosierung nicht, kann der gegenteilige Effekt – nämlich die Schwächung der Nieten die Folge sein!

Bei der TITANIC scheint wohl genau dieser Effekt eingetreten zu sein, denn die Vernietung des Schiffes weist eindeutige Schwächen auf. Die Konzentration der Schlacke war leider so ausgefallen, dass sie zur Schwächung der Nieten führte.

Als das Schiff dann den Eisberg rammte, wurde die Schiffswand eingedrückt, die Nieten gaben nach und das eiskalte Meerwasser drang durch die offenen Nähte in fünf Abteilungen des Schiffes ein und verurteilte die TITANIC damit zum Untergang.

In der Anfang 2012 erschienenen Dokumentation „TITANIC-The Final words", (in Deutschland unter dem Titel: „TITANIC-Analyse einer Tragödie" bekannt), präsentierte James Cameron eine weitere sehr interessante Entdeckung die es bei einer neuerlichen Expedition zum Wrack gab: Im Trümmerfeld wurde eine Kiste mit den Raketen der TITANIC gefunden. Bisher ging man davon aus, dass die Crew des sinkenden Luxusliners ausschließlich weiße Raketen abfeuerte, um in jener Nacht auf seine Notlage aufmerksam zu machen. Bei dem Fund bot sich allerdings ein völlig anderes Bild: In der Kiste befanden sich Raketen in blauer, grüner, roter und weißer Farbe.

Der TITANIC-Historiker Don Lynch äußerte sich folgendermaßen dazu: „*Sie schossen Raketen mit bunten Bällen ab. Sie stiegen weiß auf und bunte Kugeln brachen hervor!*"

Das beendet eine fast hundert Jahre andauernde Diskussion darüber, welche Farbe die Raketen hatten, die von der Crew in jener Nacht abgefeuert wurden: Sie waren bunt!

Eine weitere, sehr interessante Theorie über die Unglücksnacht der TITANIC stellte der TITANIC-Historiker Tim Maltin auf. Seiner Untersuchung zufolge trat in der Unglücksnacht ein besonderes optisches Phänomen auf: Eine sogenannte Super-Refraktion!

Dabei lag durch die thermale Inversion eine vom kalten Labradorstrom abgekühlte Luftschicht unterhalb einer vom warmen Golfstrom aufgewärmten Luftschicht. Durch diesen Effekt wurde Licht ungewöhnlich stark widergespiegelt, und es entstand ein falscher, zweiter Horizont über dem realen.

Dazwischen bildete sich ein Dunst, den auch die beiden Matrosen Lee und Fleet im Krähennest bemerkten. Die ruhige See ließ ebenfalls den Bereich zwischen den beiden Horizonten verschwimmen, sodass der Eisberg unterhalb des falschen Horizonts „verschwand", auf den die Matrosen blickten. Daher wurde der Eisberg von Fleet und Lee erst entdeckt, als es schon zu spät war.

Durch die Super-Refraktion erschienen ferne Objekte auch näher – der Grund warum die Besatzung der Californian die TITANIC nur als recht kleines und in der Nähe liegendes Schiff wahrnahm. Die von dort abgefeuerten (wie wir nun wissen, bunten) Signalraketen erschienen der Besatzung daher als zu klein im Hinblick auf die vermeintlich geringe Größe des Schiffes, sodass sie als nicht wichtig genug empfunden wurden. Ein weiteres Problem war, dass die abgesendeten Morsesignale wohl nicht durch die Luftschichten bis zur TITANIC durchdringen konnten.

Man sieht an dieser neuen Theorie: Die Geschichte der TITANIC ist auch über 110 Jahre nach ihrem tragischen Untergang noch immer nicht zu Ende erzählt!

Wie stark ist das Wrack wirklich beschädigt?

Im Prinzip wird, seitdem das Wrack in 3800 Metern Tiefe gefunden wurde, darüber gestritten, wie lange es dauert, bis es dem endgültigen Zerfall anheimfällt. Natürlich ist es nach über 110 Jahren auf dem Meeresgrund klar, dass dem legendären Schiffswrack nicht mehr allzu viel Zeit bleiben wird. Aber es ist absolut unklar, wann es soweit sein wird.

Von Seiten der Bergungsfirma wurde nach Entdeckung des Wracks behauptet, dass das Holz der TITANIC fast vollständig verschwunden wäre und man nicht wisse, wie sich das auf die Stahlkonstruktion des Schiffes, die zwar noch sehr gut wäre, auswirken würde. Daher müsse man nun „so schnell wie möglich" Artefakte des Schiffes bergen, da ja nicht „mehr viel Zeit" bliebe.

Das Pech für die Bergungsfirma war nur, dass der Filmemacher James Cameron nicht nur für seinen Blockbuster „*TITANIC*" zum Wrack tauchte, sondern auch noch für zwei weitere Dokumentationen in den Jahren 2001 und 2005. Auch ihn hatte der Mythos TITANIC nicht mehr losgelassen.

Bei seinen zahlreichen Tauchgängen drang Cameron so weit in das Innere des Schiffes vor wie noch niemand zuvor. Er fand heraus, dass große Teile der Holzeinrichtung noch völlig intakt waren.

Was nun? Die Bergungsfirma war immer schon sehr einfallsreich, denn es wurde dann schnell verlautbart, der Stahl des Schiffes wäre ja so schlecht und „weich wie Schokolade". Jahrelang wurde zwar das Gegenteil gesagt, aber was interessiert mich das Geschwätz von gestern? (Übrigens ein sehr oft auftretendes Phänomen seitens der Bergungsfirma…)

Ein paar kleine Details zwischendurch: Die damalige Bergungsfirma untersagte James Cameron übrigens einige seiner im Jahre 1995 gemachten Innenaufnahmen des Wracks in seinem Kinofilm zu verwenden. Hintergrund dieses Verbotes scheint zu - sein, dass Camerons Innenaufnahmen zu deutlich zeigten, dass das Wrack der TITANIC doch nicht in einem so schlechten Zustand war wie damals von Seiten der Bergungsfirma behauptet wurde. Das lief natürlich völlig konträr zu den Bemühungen der Bergungsfirma den schlechten Zustand des Wracks als Aufhänger für noch mehr Bergungsfahrten zu benutzen. Erst im Zuge seines Dokumentarfilmes „ghosts of the abyss" („Die Geister der TITANIC") welche im Jahre 2003 erschien, tauchten die bereits 1995 gemachten Innenaufnahmen wieder auf. Es wurde im Übrigen auch kolportiert, dass Cameron, nachdem klar war, dass er die Innenaufnahmen nicht verwenden durfte, sich auf den Weg nach Woods Hole machte um seine Aufnahmen dem erstaunten Robert Ballard zu präsentieren…

Bereits 1985 hatte der US-Kongress eine Resolution verfasst, die als "RMS Titanic International Maritime Memorial Act" unter der Registrierungsnummer Section 450RR-450RR-6 verabschiedet wurde.

Dort wird festgehalten, dass

a) Feststellungen:

Der Kongress stellt fest, dass

1. *die RMS Titanic, das Linienschiff, dass nach der Kollision mit einem Eisberg am 14.April 1912 auf seiner Jungfernfahrt sank, zu einer internationalen maritimen Gedenkstätte erklärt werden sollte für diejenigen Männer, Frauen und Kinder, die auf ihr ihr Leben verloren;*

2. *die kürzliche Entdeckung der RMS Titanic mehr als 12 000 Fuß (3658 Meter) unter dem Meeresspiegel den praktischen Nutzen der Ozeanographie und dem Ingenieurwesen demonstriert;*

3. *die RMS Titanic, gut erhalten im kalten, sauerstoffarmen Wasser des Nordatlantiks, von herausragender nationaler und internationaler Bedeutung ist und angemessenen internationalen Schutz verdient;*

4. *die RMS Titanic eine besondere Gelegenheit für eine wissenschaftliche Erforschung der Tiefsee darstellt.*

b) Ziele:

Der Kongress erklärt, dass die Abschnitte 450RR bis 450RR-6 dieses Gesetzes folgenden Zielen dienen:

1. *die internationalen Bemühungen zu unterstützen, die das Wrack der RMS Titanic als internationale maritime Gedenkstätte kennzeichnen wollen für diejenigen, die 1912 ihr Leben an Bord des Schiffes verloren;*

2. *die Vereinigten Staaten zu bewegen, Verhandlungen mit anderen interessierten Nationen aufzunehmen, um zu einer internationalen Übereinkunft zu gelangen, die der Kennzeichnung der RMS Titanic als internationale maritime Gedenkstätte Vorschub leisten, und um die wissenschaftliche, kulturelle und historische Bedeutung der RMS Titanic zu bewahren;*

3. *die Entwicklung und Festlegung von internationalen Richtlinien zur Erforschung und, wenn angemessen, zur Bergung der RMS Titanic zu unterstützen;*

4. *der Meinung des amerikanischen Kongresses Ausdruck zu verleihen, dass bis zur Festlegung solcher Abmachungen oder Richtlinien keine Person während der bereits laufenden Forschungsaktivitäten die RMS Titanic verändern, zerstören oder bergen darf.*

Einige Zeit später gründete der inzwischen verstorbene BMW-Gebrauchtwagenhändler George Tulloch kurzerhand seine eigene Bergungsfirma RMS Titanic Inc. und sicherte sich dann tatsächlich die Bergungsrechte am Wrack der TITANIC.

Da sich herausstellte, dass mit dem gesunkenen Luxusliner noch viel Geld zu machen war, begann man systematisch mit der Bergung von Artefakten.

Es gibt viele Bilder des Wracks, die den Eindruck verstärken, dass es dort unten in 3800 Metern Tiefe massive Plünderungen und Zerstörungen gab. Aber diese Bilder sind unter Verschluss. Einige dieser Bilder tauchten kurzzeitig im Internet auf, wurden aber sehr schnell "kassiert".

Der Vorwurf, dass die bisher veröffentlichten "neuen Bilder" schon viel älter sind, ist leider nicht ganz abwegig.

Aber niemand (außer der Bergungsfirma natürlich) kann genau sagen, wie stark das Wrack des Luxusliners wirklich beschädigt ist. Im Prinzip hat es nie wirklich unabhängige Expeditionen gegeben, und wenn doch, dann wurden sie offenbar angewiesen, den Mund zu halten.

Selbst die Touristen, die zum Wrack getaucht sind, bekommen nur eine vorproduzierte CD, auf der kurze Sequenzen zu sehen sind, in denen die Teilnehmer selbst beim Ein- und Aussteigen aus dem Tauchboot zu sehen sind, aber Bilder von dem Tauchgang, den sie gemacht haben, sind wahrscheinlich nicht auf ihrer CD.

Dies war die gängige Praxis bei touristischen Tauchausflügen zur TITANIC in den späten 1990er und frühen 2000er Jahren.

Dabei können durchaus alte Bilder des Wracks verwendet worden sein, denn die meisten Tauchtouristen nehmen diesen Unterschied ohnehin nicht wirklich wahr.

Auch hier gilt also: Neue Bilder vom Wrack der TITANIC sind nicht zu sehen. Wie soll jemand anderes als die Bergungsfirma RMS Titanic Inc. wissen, wie das Wrack wirklich aussieht?

Es ist leider zu befürchten, dass es nicht sehr gut aussehen wird, denn es wird nur ausgewähltes Material von den Expeditionen gezeigt.

Nachdem Robert Ballard 2004 erneut zur TITANIC getaucht war, wunderte er sich laut über das verschwindende Krähennest (an der Vorderseite des Mastes) des Luxusliners. Seltsam daran ist jedoch, dass es einen Presseartikel gibt, in dem Ballard und George Tulloch sich Jahre zuvor gegenseitig die Schuld dafür gaben, dass der Mast bei einem der Tauchgänge von einem der U-Boote gerammt wurde. Damals hieß es, dass "der Mastkorb dann durch die offene Ladeluke in den Laderaum gesunken ist!"

Interessant war dann allerdings, dass kurz darauf bekanntgegeben wurde, dass man die Glocke vom Mast habe „retten" können. Später wurde dies mit dem Widerspruch veröffentlicht, man habe die Glocke im Trümmerfeld gefunden. War man sich hinsichtlich der Wrackbeschädigung nicht sicher betreffs der öffentlichen Meinung? Schon beim offiziellen Auffinden des Wracks im Jahre 1985 setzte Ballards Kameraschlitten aufgrund der enormen Strömung in 3800 Metern Tiefe mehrmals erheblich auf das Wrack auf und wäre beinahe dort hängengeblieben. Dabei kollidierte der Kameraschlitten auch mit dem Mastkorb. Allerdings war der Mastkorb später, wenn auch nur zum Teil, aber sichtbar, bei späteren TV-Dokumentationen zu sehen.

Vieles spricht daher dafür, dass in erster Linie die Bergungsmannschaften für das Verschwinden verantwortlich sind.

Im Jahre 2010 machte die RMS Titanic Inc. eine erneute Expedition zum Wrack in knapp 3800 Metern Tiefe und kündigte im Vorfeld an, dann *„sämtliches Film und Fotomaterial der Öffentlichkeit zugängig zu machen."*

So weit, so gut. Aber was passierte? Schon nach wenigen Tagen waren keine Aufnahmen im Internet mehr zu finden und alles wurde unter Verschluss gehalten. So viel dazu, „sämtliches Film und Fotomaterial der Öffentlichkeit zugängig zu machen."...

Leider ist die Öffentlichkeit immer noch der "Gnade" der Bergungsfirma ausgeliefert, wenn es um aktuelle Bilder der TITANIC geht. Wenn die RMS Titanic Inc. nicht will, dann bekommt niemand wirklich aktuelle Bilder des Wracks zu sehen.

Aber das kann ja nicht im Sinne des Erfinders sein...

Kehren wir nun kurz zu den touristischen Tauchausflügen zum Wrack des Luxusliners zurück.

Im Jubiläumsjahr des Untergangs 2012 wollte der Anbieter der Tauchreisen Deep Ocean Expeditions, kurz DOE, noch einmal Kasse machen und hatte vier Expeditionstermine mit jeweils bis zu 20 Teilnehmern angesetzt. Zwei dieser Termine waren bereits ausgebucht, bevor es im Frühsommer 2012 zu einer sehr kurzfristigen Absage kam. Im November 2012 gab die DOE eine Erklärung für die abgesagten Tauchgänge ab:

Die politische Situation in Russland machte einen neuen Vertrag für eine weitere Expedition mit der Akademik Keldysh zum Wrack der TITANIC sehr unwahrscheinlich! Sowohl das Material als auch das Personal der Keldysh (bekannt geworden durch den Blockbuster "TITANIC" von James Cameron) ist teilweise so veraltet, dass man sich ernsthafte Gedanken machen muss.

Die Akademik Keldysh ist nun für andere Projekte im Einsatz und Dr. Anatoly Sagalevich, der Leiter des Tauchkapselprogramms, ging in den wohlverdienten Ruhestand.

Dies war auch das Ende für das Keldysh-Team, das viele Jahre lang gut zusammengearbeitet hatte. Die TITANIC-Expedition 2005 war somit die letzte für die Akademik Keldysh. Dies war das Ende für die touristischen Tauchfahrten zur TITANIC bis 2021!

Zwei Jahre zuvor, im August 2019, fand unter der Leitung des Tauchexperten Victor Vescovo eine überraschende Expedition zur TITANIC statt. In insgesamt fünf Tauchgängen wurden einzigartige Bilder des Schiffes in 4K-Auflösung aufgenommen. Das Expeditionsteam fand unter anderem heraus, dass die Badewanne von Kapitän Edward John Smith aus dem Blickfeld verschwunden ist, weil die Decke des Innenraums eingestürzt ist. Auch der Verfall des Wracks ist weiter vorangeschritten. Aber diese Erkenntnisse sind nicht ganz neu.

Kehren wir nun zu den touristischen Tauchausflügen zur TITANIC zurück. Im Jahr 2021 startete das amerikanische Unternehmen Ocean Gate die erste touristische Tauchexpedition seit vielen Jahren. Allerdings nannten sie die Touristen nicht "Touristen", sondern so genannte " mission specialists ", die als Besatzungsmitglieder an Bord der Tauchkapsel Titan wissenschaftliche Aufgaben übernehmen und keinen Einfluss darauf haben, welche Teile der TITANIC sie zu sehen bekommen oder ob sie das Wrack überhaupt zu sehen bekommen. Die " mission specialists " mussten für diese Reise 150 000 US-Dollar bezahlen. Für das Jahr 2022 sind weitere Tauchreisen geplant, die den Teilnehmer allerdings stolze 250 000 US-Dollar kosten sollen.

Interessant ist, dass die Teilnehmer aktuelle Video- und Fotoaufnahmen des Wracks machen und veröffentlichen durften, was unter der Leitung der RMS Titanic Inc. wie bereits beschrieben, nicht möglich war.

Die Ergebnisse der Expedition, an der auch die "Wrack-Veteranen" Paul-Henri Nargeolet und Rory Golden teilnahmen, waren gemischt:

Letztlich fanden während der fünf Einsätze zehn Tauchgänge statt, von denen sechs das Wrack der TITANIC erreichten. Der Bug wurde zweimal, das Heck einmal und verschiedene Stellen im Trümmerfeld dreimal erkundet, darunter auch bisher nicht dokumentierte. Einige der "Missionsspezialisten" haben die TITANIC nie gesehen, mussten aber den vollen Preis bezahlen.

Sie werden jedoch die Möglichkeit haben, das Wrack im Jahr 2022 für "nur" 52 000 US-Dollar erneut zu sehen.

Es scheint, dass die touristischen Tauchausflüge zur TITANIC fortgesetzt werden.

Der offene Brief von Paul-Henri Nargeolet an Robert Ballard

Für riesigen Wirbel in der Fachwelt der TITANIC-Forschung sorgte im Jahre 2005 der offene Brief von Paul-Henri Nargeolet, seines Zeichens Co-Leiter von mehreren Expeditionen zum Wrack der TITANIC, an den mutmaßlichen Entdecker des Wracks, Dr. Robert Ballard, der hier in voller Länge abgedruckt wird. Und dieser Brief hat es wirklich in sich, denn er räumt mit sehr vielen Legenden auf, die ein Robert Ballard selbst in die Welt gesetzt hat.

„Lieber Bob,

Nachdem ich Deinen Artikel „Titanic Revisited" (in Deutschland: „Der zweite Tod der TITANIC", Anm. des Autors) im National Geographic vom Dezember 2004 noch einmal gelesen habe, bin ich zu dem Schluss gekommen: Genug ist genug. Ich habe über viele Jahre lang Deine Berichte über die TITANIC gelesen, habe deine Interviews im Fernsehen verfolgt und habe dabei stets versucht, Dein fehlendes Wissen über das Schiff und die Expeditionen zu ignorieren. Aber dieser Artikel beschmutzt die Erinnerung an den verstorbenen, früheren Präsidenten der RMS Titanic Inc., George Tulloch. Ich kann meinen Blick nun nicht mehr länger davon abwenden.

Bob, ich möchte Dich daran erinnern, dass Du zum Zeitpunkt der Entdeckung der TITANIC ein Geologe warst, und kein Wrack-Experte. Erst mit der TITANIC bist Du in die Welt der Wracks eingetaucht-dies war Dein erstes Wrack-Erlebnis. Der andere Expeditionsleiter, Jean-Louis Michel, war Ingenieur und entwickelte und testete neue Geräte. Auch er besaß keinerlei Wrack-Erfahrung. Du hast Steine studiert und er Technologie. Das macht über Nacht noch keine Wrack-Experten.

Die wahrscheinlich größte Illusion, die Du in den Medien aufrechterhältst, ist wie die TITANIC entdeckt wurde. Dein Bericht ist doch sehr einseitig. Wichtige Fakten wurden ausgelassen, obwohl die Öffentlichkeit ein Recht darauf hat, auch diese zu erfahren.

Im Jahre 1977 erstellte die HMS Hecate, ein hydrographisches Schiff der königlichen Marine Großbritanniens, Karten der „Pfade nuklearer U-Boote" und entdeckte dabei ein „großes Schiffswrack in zwei Teilen". Diese Information hattest Du bereits vor der Expedition im Jahre 1985. Am 10.Juli 1985, um 13.13 Uhr, also während der ersten Stunden der Expedition, wurden von der Le Suroit die Navigations-Transponder eingeschaltet woraufhin der 12kHz Edo Western Transponder ein starkes Echo meldete.

Der diensthabende Navigationsoffizier vermerkte diese Information, zusammen mit der „ungefähren" Position im Kontrollraum. Der Wachoffizier notierte dies zudem im Logbuch der Le Suroit. Nach Aussagen dieses Offiziers, der damals auf der Brücke war, hättest Du Dich dazu entschieden, diese Informationen zu ignorieren.

Das fängt doch richtig gut an, denn hier gibt Paul-Henri Nargeolet zu, dass die TITANIC bereits 1977

und nicht, wie in den Geschichtsbüchern steht, 1985 entdeckt wurde und das Robert Ballard bereits bei seiner Expedition die Daten der HMS Hecate vorlagen, die ein „großes Schiffswrack in zwei Teilen" entdeckt hatte. Aber lesen wir weiter...

Wenige Tage später wurde die zweite SAR Sonarspur gezogen. Der Leti Magnetometer zeigte unabhängig vom SAR Sonar eine „große magnetische Anomalie". Diese Anomalie befand sich im selben Gebiet wie das Echo vom 10.Juli. Die beiden Ingenieure, die den Leti Magnetometer bedienten, waren davon überzeugt, etwas Großes gefunden zu haben. Und wieder hast Du diese essentiellen Informationen übergangen. Könnte es sein, dass Du die Entdeckung so dirigiert hast, dass Deine neuen Geräte im Einsatz standen, als das Wrack entdeckt wurde? Das hätte doch schließlich die ganze Expedition gerechtfertigt.

Hier deutet Nargeolet an, dass sich Dr. Robert Ballard unbedingt als „der Entdecker der TITANIC" feiern lassen wollte und wohl alles daransetzte, dass der gesunkene Luxusliner „rechtzeitig" gefunden werden sollte, wenn die Amerikaner das Sagen an Bord haben und er die Bemühungen seiner französischen Partner bis dahin regelrecht sabotierte...

Über den großen Moment der Entdeckung hast Du seitdem unzählige Male im Fernsehen referiert, aber ich will Dich daran erinnern was sich damals wirklich abgespielt hat, wer wach war und wer schlief, als die TITANIC (zum dritten Mal) „gefunden" wurde. Um 0.48 Uhr des 1.September 1985 schob Jean-Louis Michel Wache im Kontrollraum des Forschungsschiffes Knorr. Gleich nach der Entdeckung versammelte sich die ganze Crew in der Argo-Kommandozentrale. Das einzige Mannschaftsmitglied das fehlte war der Koch, der unterwegs war um Dich in Deiner Kabine zu wecken.

Es kann nicht oft genug gesagt werden, dass Dein Freund Jean-Louis Michel zum Zeitpunkt der Entdeckung Dienst hatte, aber Du übergehst diese Tatsache immer wieder. Die Öffentlichkeit wurde von Dir im Glauben gelassen, Du hättest die TITANIC im Alleingang entdeckt. Während der ganzen 19 Jahre hast Du unermüdlich dafür gekämpft, damit die folgende Tatsache nicht an die große Glocke gehängt wird: Im entscheidenden Moment lag Dein Kopf auf einem Kissen, Deine Augen waren geschlossen und vielleicht hast Du geträumt.

Den größten Teil der Anerkennung verdient Jean-Louis Michel. Man sagt, Fakten seien besser als Fiktion. Vielleicht solltest Du bei Deinem endlosen Ringen um öffentliche Aufmerksamkeit einmal in Erwägung ziehen, ein neues Buch über die wahre Geschichte der Entdeckung der TITANIC zu schreiben: Ein Koch weckt an Bord eines Schiffes einen schlafenden Geologen. Als dieser seine Augen öffnet und die Neuigkeit hört, tritt er von seiner ruhigen Karriere hinaus ins Rampenlicht, um nie wieder im Schatten zu stehen.

Das ist zwar bekannt, denn Ballard gab in seinem Buch" Das Geheimnis der TITANIC 3800 Meter unter Wasser" ja selbst zu, dass er zu Bett gegangen war, als die ersten Kessel der Titanic gefunden wurden, und er schließlich vom Koch geholt werden musste, aber in der Tat hat sich Ballard seitdem als der alleinige Entdecker des Wracks aufgespielt, obwohl er nachweislich schlief, als es entdeckt wurde...

Ich schreibe Dir, damit ich Dir ein paar Fragen zum Wrack der TITANIC stellen und Deinen Mix aus Gerüchten, Hören

sagen und so genannten Fakten, die Du der Öffentlichkeit
zumutest, sortieren kann. Ich bin sehr schockiert über
Aussagen, die Du als Wissenschaftler gemacht hast.
Beispielsweise: „Ich habe Geschichten gehört über die
Beschädigungen, die Tauchboote verursacht hätten, als sie auf
dem Schiff landeten oder dagegen prallten." Hören sagen ist
kein wissenschaftlicher Ansatz und kein Forscher sollte
Schlüsse ziehen, bevor er nicht die Informationen und
Theorien geprüft oder studiert hat. Aber ich gehe davon aus,
dass Du bei der Anwesenheit der Medien mit ihren Kameras
und Mikrofonen einfach etwas sagen musstest.

Hier gibt es allerdings anzumerken, dass Paul Henri
Nargeolet als mehrmaliger Teilnehmer an
Expeditionen zum Wrack wohl kaum zugeben würde,
dass dabei das Wrack beschädigt wurde…

Wie viele Wracks hast Du vor der TITANIC gesehen? Ich
stelle Dir diese Frage, weil ich ungläubig Deinen Kommentar
über das Krähennest zur Kenntnis nehme, in dem Du sagtest:
„…wurde von den Franzosen zerstört. "Du machst geltend,
dass das Krähennest 1985 und 1986 in gutem Zustand war.

Wenn ich mir aber die Bilder von 1985 ansehe, dann sehe ich,
wie der Mastkorb gegen den Mast gedrückt ist. Vermutlich ist
er nicht „in gutem Zustand", nach vier Kilometern Fahrt zum
Meeresboden, einem gigantischen Aufprall und
jahrzehntelangem Liegen im Wasser. Bob, nach meinen
Unterlagen war dies Dein erstes Wrack- alles muss in Deinen
Augen wunderschön gewesen sein.

Ich bin dreißigmal zum Wrack getaucht, während eines
Zeitraumes von elf Jahren. Ich war in der Lage, den
Fortschritt des Zerfalls mitzuverfolgen, von meinem ersten
Tauchgang 1987 bis zum letzten 1998. Ich sah gewaltige

51

Veränderungen beim Krähennest und an vielen anderen
Bereichen, sowohl am Bug als auch am Heck. Noch im Jahre
1993 gab es kleine Stücke des Ausgucks am Mast, als wir ein
Jahr später mit dem Miniroboter Robin in die Luke drei
vordrangen, waren diese Stücke weg, ich suchte unter dem
Mast nach ihnen, konnte aber nichts entdecken.

**Die Frage, ob mit dem Miniroboter vielleicht die bis
vor einigen Jahren von Seiten der Bergungsfirma strikt
geleugneten Diamanten an Bord der TITANIC gesucht
wurden, spare ich mir hier lieber...**

*In Deiner jüngsten National Geographic TV-Dokumentation
beschuldigst Du erneut die Franzosen, dass sie das Krähennest
zerstört hätten. Du weißt vermutlich nicht, dass das
IFREMER-Team jeden der 119 Tauchgänge zur TITANIC auf
Video festgehalten hat. Die Videobänder mit einer
Gesamtlaufzeit von achthundert Stunden dokumentieren
jeden Tauchgang von 1987 bis 1998. Ich habe mir jede dieser
achthundert Stunden mehrmals angesehen, und ich kann
bezeugen, dass die Nautile auf keinem unser 119 Tauchgänge
den Mastkorb jemals berührt hat.*

*In Deinem Artikel im National Geographic vom Dezember
2004 beschreibst Du die Tauchboote bei der TITANIC als
„Elefanten im Porzellanladen." Ich kenne die Piloten der
Tauchboote Alvin und Nautile. Ebenso war ich auf Expedition
mit den Mir-Booten und sogar mit der japanischen Shinkai
6500. Bob, das sind alles sehr gute Piloten und sie alle haben
viel mehr Erfahrung mit Wracks als Du.*

*Vor einigen Jahren hast Du in einem Deiner Artikel die
Alvin-Piloten beleidigt. Danach hattest Du einige Differenzen
mit ihnen. Du und ich sprachen kurz nach dem Vorfall in
Woods Hole darüber. Seither bist Du nie wieder mit Alvin*

getaucht. Nun beschuldigst Du alle Piloten, die je zur TITANIC getaucht sind. Versuchst Du nun die Menschen davon zu überzeugen, dass Du als einziger korrekt am Wrack gearbeitet hast? Du pilotierst selber weder Tauchboote noch Tauchroboter, verstrickst Dich aber in Widersprüche. Du sagst, die TITANIC sei zerbrechlich wie Porzellan und zeigst Dich schockiert über den Zerfall des Wracks.

Darf ich Dich einmal daran erinnern, wie stark die Strömung um das Wrack sein kann? Zum Beispiel konntest Du 1986 nicht zum achteren Ende des Bugs vordringen, weil die Strömung von Süden so heftig war und Alvin in den Kesselraum gedrückt hatte. Die Richtung und Intensität der Strömung können sich sogar während eines Tauchgangs verändern. An einem Tag im Jahr 1996 sahen wir die TITANIC „rauchen". Die Strömung drang durch die zerbrochenen Backbordfenster der oberen Decks und quoll mit viel Sediment angereichert aus dem Schacht des Treppenhauses. Wie oft wurde das Wrack wohl durch die Kraft der Strömung während der 93 Jahre angegriffen? Wie viele Stunden mögen es wohl gewesen sein? Mit meiner elfjährigen Erfahrung am Wrack kann ich Dir versichern, dass der Meeresboden um das Wrack alles andere als ein ruhiger Ort ist. Oft ist er eher wie eine Geschirrspülmaschine. Der tägliche Zerfall durch die Strömung ist viel verheerender als ein Tauchboot, das auf dem Wrack aufsetzt.

Dazu ist anzumerken, dass die Tauchboote mit Sicherheit zusätzlich einiges an Strömung verursachen, wenn sie dort unten im Einsatz sind. Wenn man dann bedenkt, wie die TITANIC aussah, als sie nach 73 Jahren offiziell entdeckt wurde, und in welchem Zustand sie sich dann zwanzig Jahre später nach diversen Tauchexpeditionen befindet, lässt erahnen, dass auch die Tauchgänge dem Wrack doch ziemlich zugesetzt haben müssen. Ferner kann man die Strömung doch nur beurteilen, wenn man mit einem Tauchboot vor Ort ist, welches aber selbst einiges an Strömung verursacht. Den Rest des Jahres kann man doch im Prinzip nicht beurteilen, da man gar nicht vor Ort ist, oder?...

Die Landung eines Tauchbootes kann nicht mit der eines Jumbo-Jets verglichen werden. Das Boot hat nur eine geringe Geschwindigkeit und ist so ausbalanciert, dass es mit kleinen vertikalen Motoren langsam auf und ab gleitet. Wenn ein Pilot an einer Stelle bleiben will lässt er etwas Wasser in den Ballasttank, zehn bis fünfzehn Kilo reichen. Was für eine Beschädigung können diese paar Kilos auf eine Fläche von zwei Quadratmetern verteilt (so groß ist ungefähr die Unterseite eines Tauchbootes) anrichten?

Deine „berühmten Löcher an Decks" stammen übrigens nicht von Tauchbooten. Sie wachsen von Jahr zu Jahr. Hättest Du mehr Erfahrung mit Wracks und deren Zerfall sowie dem Schiffsbau, dann wüsstest Du, dass die Dicke des Rumpfes nicht identisch ist mit denen eines Decks (oder einem Krähennest). Die Stahlplatten des Rumpfes sind einen Inch (2,54 cm) dick, wo Nieten angebracht worden sind, ist der Stahl mindestens doppelt so dick. An manchen Orten gibt es Verstärkungsplatten, dann sind es sogar drei Inch. (Schau Dir das zwanzig Tonnen schwere „Big Piece" an, dass wir geborgen haben, dann verstehst Du was ich meine). Während vieler Jahre war der Zerfall der Decks kaum zu erkennen, aber sobald sich erste Löcher bilden geht es schneller und schneller. Du erklärst den Menschen, dass es in der Tiefe keinen Sauerstoff gibt. Da hast Du Recht, aber dies bedeutet nicht, dass es keinen natürlichen Zerfall gibt. Dass weißt Du von Deinen Tauchgängen an hydrothermischen Stellen. Du weißt auch, dass die Bakterien die das Wrack „essen" keinen

Sauerstoff brauchen. Sie essen täglich Hunderte von Kilo Stahl- überall am Schiff, inklusive Decks und Krähennest. Aber ihre Arbeit ist natürlich schwieriger beim Rumpf, bei dem sie sich durch 25,51 oder gar 76 mm Stahl fressen müssen, verglichen mit den 6 mm der Decks.

Hier muss man auch mal Partei für Ballard ergreifen, denn er bestreitet nicht, dass es natürlichen Zerfall gibt. Denn er schreibt: (Zitat: „Aber die TITANIC muss nicht nur die Folgen menschlicher Aktivität aushalten. Sie leidet auch unter natürlichem Verfall. So knabbern eisenfressende Bakterienkolonien an ihrem Rumpf. Der Mikrobiologe Roy Cullimore schätzt, dass die Organismen dem Wrack täglich mindestens 45 Kilo Eisen entziehen.")

Das weißt auch Du, nur sprichst Du nicht darüber. Liegt es daran, dass der Biologe, der dieses Phänomen bei der TITANIC erforschte, nicht aus Deinem Team stammt und Du ihn deswegen ignorierst? Viele Wissenschaftler und Marinetechnikexperten aus den USA, England und Kanada haben mit uns gearbeitet und dabei ausgezeichnete Arbeit geleistet. Wir sind eben ein Team und keine One-man-show.

Du erwähnst auch das internationale Abkommen zum Schutz der TITANIC, als sei es Deine eigene Idee gewesen. Zusammen mit meinem Freund George Tulloch nahm ich an der ersten Diskussion über dieses Abkommen teil, aber Dich haben wir dort nicht gesehen. Du bist nämlich erst fünfzehn Jahre später aufgetaucht. Das Meer ist der letzte freie Ort auf Erden und ich hoffe, dass dieses Abkommen nicht das Ende der Freiheit zum Ziel hat.

Du hast meinen besten Freund George Tulloch immer wieder attackiert. Er sagte nie etwas dazu als er noch lebte, er lächelte nur. Nun machst Du nach seinem Tod damit weiter, da kann ich nicht länger zusehen und schweigen. George hat mit Herz gearbeitet. Er liebte die TITANIC, bestimmt mehr als Du. Er hat alle anderen Aktivitäten auf Eis gelegt wegen seiner neuen Passion. Er kam aus der Geschäftswelt (George Tulloch war ein ehemaliger Gebrauchtwagenhändler, Anm. des Autors), einer ganz anderen Welt, aber das war bei Dir ja nicht anders. Geologie hilft keinem Forscher die „Welt der Wracks" zu verstehen. Ich habe mit vielen Geologen reden wollen, aber alle sagten mir: „PH, ich verstehe doch nichts von Wracks." Jeder kann aber durch Studien und Tauchen lernen. Du hast erst 1985 damit begonnen.

Als Marineoffizier, Unterwasser-Zerstörungsteam-Kapitän, Tiefseetaucher, ROV-Pilot, Tauchbootpilot, technischer Leiter und Leiter vieler Expeditionen von Schiffen die vor der Zeit von Jesus Christus sanken, bin ich in der Lage, Dir zu sagen, dass George Tulloch sehr schnell lernte, schneller als die meisten anderen Menschen.

Vermutlich erinnerst Du Dich an den Vertrag zwischen dem Ozeanographischen Institut Woods Hole (für das Du gearbeitet hast) und IFREMER. Dort stand geschrieben, dass im Falle der Entdeckung des Wracks, die Bildrechte IFREMER gehören. Der Grund dafür war folgender: Woods Hole erhielt das Geld für die Expedition von der US-Marine, während IFREMER Geldgeber suchen musste, um die Expedition zu finanzieren. (Sowohl IFREMER als auch Woods Hole dürfen kein eigenes Geld für solche Expeditionen verwenden). Als das Wrack gefunden wurde, hast Du Dich entschieden, den Vertrag zu brechen. Am Sonntag, dem 1.September 1985, nur Stunden nach der Entdeckung, flog ein Helikopter zur TITANIC-Stelle (wie der so schnell da sein konnte, ist eine andere Geschichte) und nahm die Bilder mit. Du hast Dich dafür entschieden, sie den Medien zu übergeben *und sie für Deine Zwecke zu verwenden. Diese Tatsache erwähnst Du auch in Deinem letzten Buch, aber es ist so verschwommen formuliert, dass man glauben könnte, dass es nicht Dein Entscheid war. Warst Du nun der Expeditionsleiter oder nicht?*

Dieser Streit schwelt schon seit dem Jahre 1985 und es scheint in der Tat so, dass sich Ballard auf Kosten seiner französischen Partner, die er augenscheinlich betrog, als „der Entdecker der TITANIC" profilieren wollte, und in der Tat ist es ihm gelungen, denn die Geschichtsbücher weisen nur ihn als den Entdecker aus und erwähnen nur in Nebensätzen, dass auch die Franzosen „daran beteiligt" waren...

Ich erinnere mich daran, wie wir 1986 die gemeinsame französisch-amerikanische TITANIC-Expedition planten. Alvin und Nautile (die beiden Tauchboote, Anm. des Autors) sollten zusammen mit ihren ROV`s Jason Jr. und Robin eingesetzt werden. Du hast erwartet, Gegenstände bergen zu können, bis Dir die US-Marine verboten hat, etwas von der TITANIC mitzunehmen. Die US-Marine wollte Dir keine Chance geben, IFREMER erneut auszutricksen. Du hast Glück gehabt, dass IFREMER eine Regierungsinstitution ist, die keinen Ärger will. (Bei einem Vertragsbruch wie 1985 hätte Dich ein privates Unternehmen vermutlich verklagt).

Immer wieder erwähnst Du Tausende von Artefakten die „vom Wrack" geborgen worden seien. Korrekt wäre, wenn Du sagen würdest, dass die Artefakte vom rund 1,6 Hektar großen Trümmerfeld stammen.

Das ist allerdings stark zu bezweifeln, aber wenn es die Bergungsfirma so sagt...

In diesem befinden sich über 50 000 Artefakte, die meisten südlich oder um das Heck herum. Es stimmt tatsächlich, dass wir das bronzene Mastlicht im Jahre 1987 hochgeholt und Fotos davon publiziert haben.

Das Licht war jedoch nicht fix am Mast festgemacht, sondern wurde, wie damals üblich, von zwei Metallstiften an seinem Platz gehalten. Wir waren so vorsichtig, dass nicht einmal die beiden Stahlstifte gebrochen sind, wie man auf unseren Videoaufnahmen sehr gut erkennen kann. Das Mastlicht befand sich an dem Teil des Mastes, der auf dem Deck auflag, weit weg vom Krähennest. Nun ist diese Lampe ein wunderbares Artefakt, das öffentlich ausgestellt wird.

Die Glocke wurde übrigens aus dem Trümmerfeld geborgen, sie lag in der Nähe des Hecks, also rund eine halbe Meile vom Krähennest entfernt. Die Oberfläche der im Sand liegenden Hälfte ist vom säurehaltigen Sand für immer beschädigt. (Ich bin mir selber nicht sicher, ob es die Glocke des Ausgucks ist, denn es gab mehrere Glocken auf der TITANIC).

Da stellt sich doch unwillkürlich die Frage, warum auf Ausstellungen der RMS Titanic Inc. immer noch steif und fest behauptet wird, sie stamme aus dem Krähennest der TITANIC. Bei der Ausstellung der RMS Titanic Inc. im Jahre 2007 in Kiel wurde sogar behauptet, diese Glocke wäre schon gebraucht an Bord des Schiffes installiert worden, da die Gebrauchsspuren im Inneren der Glocke darauf hinweisen würden, dass sie bereits länger in Betrieb gewesen sei. Ferner wäre das damals üblich gewesen um Geld zu sparen. Naja, wer das glauben soll...

Trotzdem hast Du gesagt, wir hätten bei der Bergung der Glocke das Krähennest beschädigt. Auf welcher Grundlage basiert Deine Aussage?

Du unterstellst den Mir-Piloten, sie hätten die Außenwand der Kabine von Kapitän Smith aufgebrochen, aber auch das stimmt nicht. Was für Beweise hast Du hierfür, oder ist auch das nur „Hören sagen"? Ich habe Anatoly Sagalevitch darauf angesprochen und er schwört, dass keine der Mirs so etwas jemals gemacht hat und ich glaube ihm das.

Die Wand hatte sich schon längst von der Decke gelöst, man kann dies bereits deutlich auf Deinem Foto-Mosaik von 1985 sehen, aber auch auf unserem Mosaik von 1998 (Ja, wir haben auch eines gemacht, sogar ein richtig gutes). Die Wand drückte von Jahr zu Jahr weiter nach unten. Diese Arbeit erledigten die Zeit, Strömung und Bakterien ganz ohne fremde Hilfe, denn die Zeit ist der größte Feind der TITANIC.

Als wir im Jahre 1996 das Wrack der Britannic inspizierten, dem Schwesternschiff der TITANIC das wenige Jahre später (am Sonntag, den 19.November 1916, während des Ersten Weltkrieges, Anm. des Autors) sank, haben wir die Glaskuppel des Treppenhauses an ihrem Ort und in gutem Zustand vorgefunden. Auch sonst ist das Wrack, das in viel niedrigerem Wasser liegt, in einem besseren Zustand. Das zeigt, dass die Tiefsee die TITANIC keineswegs schützt. Die Bakterien konsumieren das Wrack schneller als jede Korrosion.

Hierzu bleibt anzumerken, dass die Britannic während des Sinkens aber nicht solch zerstörerischen Kräften ausgesetzt war wie ihre Schwester TITANIC, und sie auch nicht in zwei Teile zerbrach, und beim Sinken auch nicht implodierte wie die TITANIC. Daher hinkt

der Vergleich den Nargeolet hier zieht, meiner Meinung nach doch etwas.

Niemand landete „mit schweren Fahrzeugen in der Nähe des Eingangs des großen Treppenhauses, einem „populären Landeplatz". Das Dach war bereits 1985 eingestürzt, auch das kannst Du auf Deinem Foto-Mosaik von 1985 erkennen. Das Dach des Gymnastikraums stürzte zwischen 1993 und 1994 von selbst ein. Das habe ich Dir schon oft gesagt. Wenn eine Tauchkapsel irgendwo landet, so beträgt das Gewicht maximal zwanzig Kilo, weil sie so ausbalanciert ist, dass sie schwebt.

Aber wo wir gerade von „Elefanten im Porzellanladen" reden: Als Du im Mittelmeer mit dem der NR1 getaucht bist – einem U-Boot der US-Marine das mit 350 Tonnen rund zwanzigmal schwerer ist als Alvin, die Mirs oder die Nautile- hast Du von antiken Wracks Amphoren geborgen. Die italienischen Archäologen waren sehr aufgebracht über Deine Bergungstätigkeit, aber Du hast ihnen bloß gesagt, dass diese Wracks in internationalen Gewässern liegen.

Wie übrigens auch die TITANIC, aber das wird von der amerikanischen Bergungsfirma, die sich die Rechte hat zusprechen lassen, obwohl es sich um ein britisches Schiff handelt, was noch nicht einmal in amerikanischen Gewässern untergegangen ist, immer wieder ignoriert…

Dies ist insofern interessant, weil Informationen über diese Bergungsarbeit von der Webseite des „Jason Project" verschwunden ist. Diese Expedition fand nach der TITANIC statt. Die Artefakte, die wir geborgen haben, können in der Öffentlichkeit betrachtet werden. Was mit „Deinen" Amphoren geschah, weiß ich nicht. Nur eine habe ich wieder gesehen bei Dir, zuhause, hinter Dir aufgestellt, während Du ein Fernsehinterview gegeben hast. Andere befinden sich in Mystic.

Du stellst öffentlich fest, dass römische und griechische Wracks nach zweitausend Jahren noch vorhanden seien, warum also nicht auch die TITANIC? Machst Du Witze? Das Einzige, was von diesen Schiffen noch erhalten blieb, ist deren Fracht. Amphoren, Marmorblöcke und Säulen, aber niemals die hölzernen Rümpfe. Wenn wir zehn bis zwanzig Prozent eines Holzrumpfes im Sediment entdecken, so ist dies eine große Entdeckung, aber neunzig Prozent der Artefakte sind unsichtbar. Die einzige Möglichkeit sie zu finden, ist nach ihnen zu graben.

Weißt Du, Du bist voller Widersprüche. Als Du auf einem Schrottplatz nach einem Propeller der Lusitania gesucht hast, warst Du traurig. Ich bin es auch.

Aber dann sagtest Du, dass Du verstehen könntest, wenn man einen solchen Propeller für ein Museum geborgen hätte. Sind jene Artefakte der Lusitania für eine Ausstellung in Ordnung, solche der TITANIC aber nicht? Sind nicht beide „historische" Wracks? Sollen wir nun zweitausend Jahre warten, bis neunzig Prozent der Informationen verschwunden sind, um dann mit der Arbeit zu beginnen? Ist dies Dein „wissenschaftlicher Umgang" mit dieser Situation? Glaubst Du, dass eine Liveshow im Fernsehen dem Publikum genügt, wenn es nur sehen kann wie Du redest während ein Roboter taucht? Was konservierst Du, indem Du das tust? Du sprichst von „einer solchen Komödie", aber die, die es besser wissen, können nicht darüber lachen.

Niemals bringst Du Deine Besorgnis über das Wrack wie die Central America, die Republic, die Monitor oder andere zum Ausdruck. Ich verstehe den Unterschied zwischen diesen

Wracks und der TITANIC nicht. Auch diese Unglücke haben vielen Menschen das Leben gekostet. Kann es sein, dass Dich diese Wracks nicht interessieren, weil Du in keine Expeditionen zu ihnen involviert warst? Versuchst Du die fünf Millionen Wracks, die sich über den Erdball verteilen zu schützen, oder nur „Deine" TITANIC?

Als wärst Du besessen, erzählst Du uns immer wieder von diesen Schuhen, die Du 1986 am Meeresboden gesehen hast. Wenn Menschen verreisen haben sie meist mehrere Paar Schuhe bei sich im Gepäck. Bei 2200 Menschen kommen ganz viele Schuhe zusammen. Oft stellten Passagiere eines luxuriösen Schiffes ihre Schuhe vor die Kabine und fanden sie am nächsten Morgen sauber wieder vor ihrer Tür. Irgendwie schaffst Du es, bis ins Detail die Position eines Körpers auf dem Meeresboden zu beschreiben, nur aufgrund von zwei Schuhen. Einmalmehr vergisst Du, dass Menschen auf einem sinkenden Schiff versuchen, sich in Sicherheit zu bringen. Das heißt, dass die meisten außerhalb des Schiffes sind, wenn es sinkt. Diejenigen die sich im Inneren der TITANIC befanden, könnten noch im Wrack sein, auch wenn, wie Du in einem Deiner Bücher einräumst, alle menschlichen Überreste nach fünf Jahren verschwunden waren.

Also, so wenige Menschen, wie Nargeolet es hier beschreibt, waren nicht im Inneren der TITANIC als sie sank. Einige Experten gehen davon aus, dass sich wohl noch knapp 500 Passagiere im Inneren der sinkenden TITANIC befanden, was ich allerdings für etwas hoch gegriffen halte.

Wenn sie nicht im Inneren sind, dann trieben sie mit dem Golfstrom. Die meisten mit Rettungsweste, aber ohne Schuhe. Wir wissen, dass die TITANIC im Golfstrom war in jener Nacht, da sie östlich der berechneten Position liegt. Ein Körper ohne Rettungsweste sinkt sehr langsam und somit sehr weit weg von der Unglücksstelle. Die Chance, dass ein Körper so nah wie von Dir beschrieben beim Heck mit den Beinen schön parallel landet, ist vernachlässigbar. Dass der Körper einer Mutter direkt neben „demjenigen ihrer langhaarigen Tochter" zu liegen kommt, ist unmöglich. Mit 99%iger Sicherheit stammen die Schuhe aus Koffern, die möglicherweise aus dem Frachtraum gefallen sind.

Der Untergang der TITANIC ist so dramatisch, dass die Geschichte keine so absurden Erfindungen braucht.

*Kürzlich hast Du gesagt, dass Du den Rumpf der TITANIC neu bemalen möchtest. Ich hoffe, dass das ein Witz war. Deine Idee erinnert mich an den Mann, der in den fünfziger Jahren mit seinem Auto und einem Seil den schiefen Turm von Pisa aufrichten wollte. Wollte man das Wrack tatsächlich für ein paar Jahre konservieren, müsste man es dazu von beiden Seiten bemalen, nicht nur außen wie Du sagst. Bevor Du beginnen könntest, müsstest Du natürlich mit einer Bürste sämtliche Rusticles abbürsten und mit einem Staubsauger alles putzen und Tonnen von Sediment entfernen, sowie die „orangenen Flecken". Übrigens entstehen diese Flecken beim Abbrechen von Rusticles oder wenn sie von der Strömung davon getrieben werden. Aber **nicht** wie Du behauptest, durch „schwere Fahrzeuge die landen oder dagegen krachen".*

Du bist mit Jason Jr. nie richtig ins Innere der TITANIC vorgedrungen, Du warst gerade mal oben im Treppenhaus und hast die Deckenlampe fotografiert. Als wir im Inneren waren, sahen wir, dass dort die Rusticles identisch sind mit denen von draußen. (James Cameron bestätigte dies ebenfalls während seiner TV-Dokumentation im Juli 2005). Ich mag gar nicht daran denken, welche Verschmutzung Tausende Liter Farbe im Wasser anrichten würden.

Die Tanker, die Du zum Vergleich benutzt, werden übrigens nicht auf dem offenen Wasser bemalt. Die Werften machen diese, damit sie die Schiffe nicht ins Trockendock nehmen müssen und somit Geld sparen können. Ich wünsche Dir viel Glück mit Deinem „Malprojekt", stellt sich nur die Frage, was Du konservieren willst: das Wrack, die Natur oder Deinen eigenen Ruhm?

Sei doch mal ehrlich: glaubst Du, dass die „Korrosion" oder die bakteriellen Aktivitäten das Schiff beschützen? Falls Du an einigen Stellen blankes Metall siehst, dann wird sich das immer wieder verändern, wie bei allen Wracks. Genau wie bei jedem Wrack wird der Zustand von Jahr zu Jahr schlechter. Nichts kann die Zeit stoppen, Bob, auch Deine Bürste und Dein Farbtopf nicht.

Dann schlägst Du vor, es solle ein „Leitfaden für Besucher" erstellt werden. Vermutlich meldest Du Dich freiwillig, um diesen zu verfassen. Den Tenor daran kann man erahnen: „Schließlich geht man auch nicht mit einer Schaufel nach Gettysburg" wie Du gesagt hast oder „diese schweren Fahrzeuge sind wie Elefanten im Porzellanladen, und so geht das Porzellan der TITANIC kaputt". Aber erinnere Dich, wie Du selbst während der Expedition von 1986 mit Artefakten gespielt hast, ohne Spezialwerkzeuge zu verwenden: Du hast den Tresor der dritten Klasse geschüttelt und ihn nur am Griff festgehalten, oder die Kaffeetasse aus dem Trümmerfeld auf einen Dampfkessel gehoben, nur um ein „dramatisches Bild" zu machen.

Die Sache mit der Kaffeetasse ist in der Tat ein starkes Stück, was sich Ballard geleistet hat, denn in seinem Buch „Das Geheimnis der TITANIC 3800 Meter unter Wasser" erwähnt er diese Kaffeetasse explizit und

bildet auch ein Foto von ihr ab und behauptet: (Zitat: „
Ein Zinnbecher und eine Türklinke kamen neben der
roten Feuerungstür eines Kessel zur Ruhe.") oder:
(Zitat: „ An einer anderen Stelle untersuchten wir
gerade die Außenfläche eines Kessels; oben auf dem
Deckel stand eine verrostete Metalltasse von der Art,
wie sie die Mannschaft verwendete, als habe ein
Heizer sie dort abgestellt, bevor das Wasser in den
Kesselraum eingebrochen war.")Das er sie selbst dort
platziert hat ist eine absolute Frechheit...

-

*Was wünschst Du Dir für die TITANIC? Möchtest Du
einfach der Einzige sein, der zum Wrack tauchen darf?
Während der Expedition von 1986 warst Du (mit zwei
vertraglich abgemachten Ausnahmen) der einzige Passagier
von Alvin, kein anderer als Du sollte tauchen. Inzwischen
sind viele Menschen getaucht, sogar Touristen, und das ist
gut so. Die Titanicstelle ist kein Privatbesitz.*

Komisch, warum erweckt die Bergungsfirma dann
diesen Eindruck?...

*In der Tat gibt es Exzentriker unter den Tauchern, aber das
bedeutet noch lange nicht, dass die Welt untergeht. Schließlich
hält man auch Beerdigungen und Hochzeiten in derselben
Moschee, Kirche oder Synagoge ab. Das würde ich zu Dir
sagen, wäre ich einer der Geister, mit denen Du an der
Wrackstelle sprichst. Bist Du jetzt selber ein Mysterium?
Etwas Bewegung schadet dem Königreich der Dunkelheit
sicher nicht.*

*James Cameron machte einen ausgezeichneten Film über die
TITANIC und ich bin glücklich, dass die Welt diesen Film
mag. Jeder hat ein Recht von der TITANIC zu träumen, wer*

will, soll das Wrack sehen oder die Artefakte. Das alles soll kein Privileg sein für eine kleine Gruppe von Menschen.

Was es aber de facto ist, zumindest was das Herabtauchen zum Wrack anbelangt...

In Deinem Artikel listest Du eine gewisse Anzahl geborgener Gegenstände auf, um aufzuzeigen, wie dumm die Berger wären. Aber genau das machen alle Archäologen, sie fotografieren, filmen und tragen alles auf Karten ein. Das beinhaltet viel Kleinarbeit. Bei einem Wrack ist es nicht anders.

Wir fotografierten alle Gegenstände, zeichneten die Artefakte auf Karten ein, bargen (manchmal auch mit Werkzeugen die eigens für dieses Artefakt hergestellt wurden), brachten sie auf das Forschungsschiff, lagerten sie sorgfältig bis wir sie einem professionellen Labor übergaben um sie dann fertig konserviert der Öffentlichkeit zu zeigen. Fünfzehn Millionen Menschen haben diese Ausstellungen gesehen und erfreuten sich daran. Diese Expeditionen sind aufwändig und teuer. Du weißt nicht, was wir gemacht haben oder wie wir es gemacht haben. Du „hörtest" es. Alle Verträge, die George Tulloch mit IFREMER abschloss, beinhalteten die Klausel, dass die Artefakte nicht verkauft werden dürfen, sondern ausgestellt werden sollen. Er hat sich an seine Verträge gehalten.

Discovery Channel arbeitete mit einer Gruppe von Wissenschaftlern, die das Wrack untersuchten und in den Jahren 1996 und 1998 hervorragende Dokumentationen darüber ausstrahlten.

Ich bedaure außerordentlich, dass wir niemals den endgültigen Report mit allen Ergebnissen und Informationen über unsere Expeditionen veröffentlichen konnten. Ich habe damit begonnen, nachdem mich einige weltbekannte Archäologen dazu aufgefordert hatten, nachdem sie unsere Daten gesehen haben. Nach der feindlichen Übernahme der Bergungsrechteinhaberin RMS Titanic Inc. im Jahre 1999 wurde dieses Projekt umgehend gestoppt. Aber die Daten, das Mosaik, die Fotos und die Videos von jedem der 119 Tauchgänge der Nautile während unserer fünf Expeditionen existieren noch immer. Alle diese Expeditionen wurden von George Tulloch, und unserem Team durchgeführt und ich hoffe, dass unsere Daten eines Tages veröffentlicht werden.

Bob, Du bist ein hervorragender Verkäufer. Du verkaufst Dich sehr gut, bewirbst Deine Bücher, hältst Vorträge und verdienst dabei viel Geld. Das alles tut Dir gut und ich freue mich für Dich. Warum bloß verdammst Du die Arbeit der anderen Teams? Nicht jeder hat die Chance von der Regierung und den Steuerzahlern gesponsert zu werden. Auf Deinen Expeditionen kommt die Ausrüstung der US-Marine und von NOAA zum Einsatz. Als wir im Jahre 1996 die Kreuzfahrtschiffe „um die Stelle kurvten" so taten sie es, um die Expedition zu finanzieren, nicht zur Show. Elisabeth Navratil schrieb mir einen Brief. Darin stand, dass ihr Vater, selbst ein Überlebender der TITANIC, ihr nach seiner Reise auf einem der Kreuzfahrtschiffe sagte, dass „George Tulloch ihm das schönste Geschenk seines Lebens machte, indem er ihn 84 Jahre nach dem Untergang an die Stelle der TITANIC brachte, an der sein Vater starb". Ist es das, was Du „eine solche Komödie" nennst?

So, dass muss genügen, ich könnte noch so viel über alle Deine Widersprüche schreiben, die zeigen, wie inkompetent Du bist, wenn es um dieses „Weltenwrack" geht. Wir haben es satt von Dir zu hören: „Lasst mich für Euch tauchen und seht mir zu, was ich mache". Hör auf Dein Publikum wie Idioten zu behandeln."

Kommander Paul-Henri Nargeolet
Co-Leader der TITANIC Forschungs- und Bergungs-
Expeditionen von 1987, 1993, 1994, 1996 und 1998

Nach Studium dieses sehr brisanten offenen Briefes kann man folgendes festhalten:

1. Das Wrack der TITANIC wurde bereits 1977 von der HMS Hecate und nicht erst 1985 von Dr. Robert Ballard entdeckt.

2. Ballard kannte die Koordinaten der Hecate-Entdeckung acht Jahre zuvor (und mit Sicherheit auch die Daten von Jack Grimms Propellerblatt-Entdeckung) und richtete seine spätere Suche danach aus.

3. Ballard scheint alles unternommen zu haben, um eine frühere Entdeckung des Wracks unter Federführung der Franzosen zu verhindern.

4. Ballard selbst schlief, als die ersten Wrackteile (ein Kessel, Anmerkung des Autors) entdeckt wurden und Jean-Louis Michel, also ein Franzose, war, wenn man so will, der eigentliche „Entdecker" des Wracks und nicht Robert Ballard. Die HMS Hecate lassen wir hier mal außen vor.

5.Um seine Bücher besser zu vermarkten, manipulierte Ballard am Meeresboden sogar Aufnahmen, indem er unter anderem eine Kaffetasse auf einen Kessel abstellte und dann so tat als „habe ein Heizer sie dort abgestellt, bevor das Wasser in den Kesselraum eingebrochen war."

Natürlich ließ Dr. Robert Ballard die Gelegenheit nicht verstreichen, eine Gegendarstellung zu verfassen. In der Nummer 172 der Zeitschrift der Titanic Historical Society (THS) schrieb er einen 18-seitigen Brief als Antwort auf die Anschuldigungen Nargeolets.

Sechs dieser Seiten waren bebildert und im Text ging es Ballard im Prinzip nur darum sein eigenes Ego in den Vordergrund zu rücken. Er sprach davon, dass er als **der Wissenschaftler** mehr Wracks erforscht habe als Nargeolet und er als **der Meeresbiologe** ebenfalls mehr Ahnung von allem habe als Nargeolet. Und so ging das dann weiter und weiter. Sehr unbefriedigend.

Auf die Vorwürfe von Nargeolet ging er kein einziges Mal ein, er bestand nur darauf, dass er nach wie vor der Entdecker der TITANIC sei, da die Expedition unter seiner Leitung gestanden habe...

Dem ohnehin schon ziemlich angekratzten Ruf von Ballard in der TITANIC-Fachwelt hat dieser Antwortbrief eher mehr geschadet als genutzt.

Ein weiterer, sehr merkwürdiger Aspekt der offiziellen Entdeckung des Wracks der TITANIC durch Dr. Robert Ballard und Jean Louis Michel ist ohne jeden Zweifel, dass die britische Zeitung „The Observer" bereits vor der offiziellen Benachrichtigung des Forschungsschiffs an die Weltöffentlichkeit davon berichtete, dass das weltberühmte Schiff in zwei großen Teilen und in unzählige Trümmer zerbrochen aber aufrechtstehend auf dem Meeresgrund aufgefunden wurde. Wie konnte „The Observer" davon wissen, wenn die TITANIC noch gar nicht gefunden war, zumal man bis 1985 davon ausgegangen war, dass die TITANIC 1912 in einem Stück und intakt unterging und von einem Auseinanderbrechen des Schiffes beim Sinken gar nicht die Rede war? Merkwürdig war das damals schon, wurde aber geschickt nicht weiter thematisiert.

Die beiden Streithähne bekriegten sich noch eine ganze Weile, bis plötzlich ein Schmusekurs eingeschlagen wurde und fortan einfach nicht mehr über den offenen Brief gesprochen wurde. Und nun, knapp 18 Jahre später ist er total in Vergessenheit geraten. Selbst Titanicforscher, die sich schon einige Jahre mit der Geschichte der TITANIC beschäftigen, geben vor, „noch nie etwas von einem offenen Brief von Nargeolet gehört zu haben". Daher ist es umso wichtiger, dass er nicht in Vergessenheit gerät.

PS: Ein kleines Stück zum Schmunzeln am Schluss des Kapitels: Bei der hier schon einmal erwähnten TITANIC-Ausstellung im Jahre 2007 in Kiel wurde von Seiten der wissenschaftlichen Beratung der Ausstellung übrigens behauptet, dass die kurz zuvor in der Schweiz aufgetauchte, wegen des Kriegsausbruchs 1914 aber nicht mehr eingebaute, Orgel des Schwesterschiffes Britannic auf jeden Fall echt wäre, denn die falsche Schreibweise „Britannik" würde darauf hinweisen. Die Begründung muss man sich auf der Zunge zergehen lassen, denn sie lautet sinngemäß etwa so: „Wenn es falsch geschrieben ist, ist es keine Fälschung, aber wenn es richtig geschrieben ist, ist es eine Fälschung" Das ist übrigens kein Witz, das wurde wirklich so behauptet. Du meine Güte…

Das Gezerre um das Wrack der TITANIC

Ein trauriges Kapitel in der Geschichte der TITANIC ist ohne Zweifel der jahrelange Rechtsstreit um die geborgenen Artefakte des Schiffes der schon kurz nach der offiziellen Entdeckung des Wracks in 3800 Metern Tiefe entbrannte.

Auf die fragwürdige Tatsache, dass sich ein amerikanisches Gericht veranlasst sah, die Bergungsrechte an eine (natürlich) amerikanische Firma zu vergeben, ist hier schon eingegangen worden.

Der ehemalige Gebrauchtwagenhändler George Tulloch hatte seinerzeit ziemlich schnell seine eigene Bergungsfirma mit dem Namen RMS Titanic Inc. gegründet und sich die Bergungsrechte zusprechen lassen (siehe auch Kapitel „Wie beschädigt ist das Wrack wirklich?").

Die RMS Titanic Inc. führte Expeditionen zum Wrack durch und organisierte Ausstellungen wie unter anderem die berühmte Ausstellung in Hamburg. Im Jahre 1998 wurde sie von der Entertainmentfirma SFX übernommen, behielt aber ihren alten Namen.

Fünf Jahre später wurde es dann mächtig turbulent, denn am Dienstag, den 18.November 2003 wurde gegen drei ehemalige Direktoren der alten RMS Titanic Inc. Klage vor Gericht eingereicht.

Es ging dabei um niemand geringeren als den ehemaligen Gründer und Präsidenten George Tulloch, den Nautile-Piloten Paul Henri Nargeolet (uns ja schon hinlänglich bekannt) sowie den Berater Allan Carlin. Der Vorwurf des Gerichtes lautete, dass Tulloch und Nargeolet mit Wissen von Allan Carlin eine beträchtliche Menge an Bergungsgut an Freunde und Verwandte verteilt und ihnen zudem Videomaterial von verschiedenen Tauchfahrten weitergegeben haben sollen.

Der Schaden belief sich laut Anklage auf über vier Millionen US-Dollar. Daraufhin kündigte George Tulloch an, *„vor Gericht so richtig auszupacken!"*. Doch dazu kam es nie, denn Tulloch starb zwei Monate später an Krebs. Das Verfahren wurde später „aus Mangel an Beweisen" übrigens eingestellt.

Ein anderer Prozess gegen die RMS Titanic Inc. kam allerdings zu einem Urteil, denn am Dienstag, den 26.Oktober 2004 wurden hochrangige Führungspersonen der ehemaligen RMS Titanic Inc. zu Geldstrafen verurteilt, da sie bei der Machtübernahme im Jahre 1998 Falschaussagen tätigten, die George Tulloch als Präsidenten stürzten. Seitdem war die Entertainmentfirma SFX der Rechteinhaber der Bergungsfirma und Arnie Geller wurde als Präsident der RMS Titanic Inc. eingesetzt. Weitere verurteilte Personen waren: Michael Harris, John Joslyn, Joseph Marsh, David Lucas, Steven Sybesma, sowie John Thompson und Arnie Geller.

Noch während des Prozesses, wurde die RMS Titanic Inc. aufgelöst und gründete sich am Freitag, den 15.Oktober 2004 als Premier Exhibition Inc. neu.

Der Präsident der Premier Exhibition Inc. wurde, man mag es kaum glauben: Arnie Geller

Im Juli 2005 hieß es dann plötzlich: *Die* RMS Titanic Inc. ist wieder da! Und zwar als 100%ige Tochter der Premier Exhibition Inc.!

Die „ehemalige" Bergungsfirma ist seitdem lediglich für die Vermarktung von „hauseigenen" Ausstellungen zuständig. Interessant ist dabei der geschäftliche Weg: Zunächst wird die Firma, gegen die ein Jahr zuvor diverse Klagen liefen gelöscht bzw. umfirmiert. Nachdem man eine nicht mehr existente Firma nicht verurteilen kann, wurde der Name „gekauft" und unter erheblicher Rechtebeschränkung wieder ins Leben gerufen. Die Premier Exhibition Inc. brauchte sich nun nicht mehr vorwerfen zu lassen, sie würde die Ausstellungsgegenstände „fremdvermieten"- dazu ist nun die „neue/alte" Tochter da, der man die Gegenstände in Rechnung stellen kann und die Tochter setzt die Kosten dann als steuerliche Belastung ab. Perfekt!...

Im Jahre 2006 wandte sich die RMS Titanic Inc. an den US-Kongress mit dem Hinweis, dass das Wrack zu schnell verfalle und die Geschichte nun erhalten werden müsse. Doch, obwohl alles still und leise und unbemerkt von der Öffentlichkeit stattfand, bekam die Bergungsfirma Schwierigkeiten, denn das Abkommen wurde nämlich wieder nicht von den teilnehmenden Ländern ratifiziert.

Anmerkung: Schon einige Jahre zuvor hatte sich die alte Bergungsfirma bereits über den Kongress an die Regierungen in Großbritannien, Frankreich und Kanada gewandt um ein Abkommen zum „Schutz des Wracks" auf den Weg zu bringen. Der Bergungsfirma schwebte ein Abkommen vor, in dem sie alleine darüber bestimmen dürfe, wer zum Wrack tauchen darf und was dort gemacht werden soll. Vorschnell wurde darauf hingewiesen, wie wichtig es jetzt sei, auch im Inneren der TITANIC Bergungsaktionen durchführen zu dürfen.

Den USA sollte die Leitung über alle Belange des Wracks überlassen werden und ferner sollte die geographische Lage des Wracks als erstes internationales Seedenkmal gekennzeichnet und festgeschrieben werden. Zwischen den Zeilen konnte man entnehmen, dass keine Touristiktauchfahrten mehr stattfinden dürfen.

Gemäß der Vorlage sollten die Tauchexpeditionen einzeln genehmigt und so die Anzahl der Tauchgänge reduziert werden. Das ließ nur den Schluss zu, dass die Amerikaner nun erst recht nur noch Tauchgänge genehmigen wollten, die in ihrem eigenen Interesse lagen.

Das dabei die anderen Länder nicht mitzogen ist daher nicht unverständlich...

Im Mai 2007 legte man dann noch einen drauf, denn man behauptete plötzlich, dass im Sommer 2005 und Sommer 2006 illegale Tauchplünderungen stattgefunden hätten...

Es ist aber komischerweise nichts davon bekannt! Bei der" Operation Bluelight" (einer illegalen Tauchfahrt die einiges an Wrackgegenständen mitgehen ließ, Anm. des Autors) wusste man zumindest von der Northern Horizon, einem Forschungsschiff, welches mal eben für drei Monate gebucht worden war.

Merkwürdig an der Behauptung der RMS Titanic Inc. ist aber, dass im Sommer 2005 eine amerikanisch/russische Expedition stattfand. War diese Expedition etwa illegal?...

Im Sommer 2006 waren alle Tauchgänge ohne Angabe von Gründen abgesagt worden, also woher will die RMS Titanic Inc. denn plötzlich wissen, dass genau in den Jahren 2005 und 2006 erhebliche Schäden am Wrack durch die Plünderer verursacht worden sind, wenn sie selbst gar nicht am Wrack gewesen sind?

Die RMS Titanic Inc. blieb weiterhin nicht untätig und wurde sogar bei der britischen Regierung vorstellig, um dafür zu plädieren alle weltweiten TITANIC-Aktivitäten unter die Führung der RMS Titanic Inc. zu stellen.

Und plötzlich beriefen sich die Macher der Bergungsfirma sogar auf Robert Ballards Expedition im Jahre 2004 (die schließlich den offenen Brief von Paul-Henri Nargeolet nach sich zog. Anm.des Autors), als dieser die massiven Beschädigungen am Wrack wegen der Bergungsfahrten scharf kritisierte. Pikanterweise war es die RMS Titanic Inc. selbst, die Ballard hier angriff…

Im Jahre 2006 hatte übrigens ein Gericht in Amerika in einem langwierigen Verfahren geurteilt, dass die RMS Titanic Inc. nicht Besitzer des Bergungsgutes der TITANIC sei. Demnach sei die Firma zwar mit den Bergungsrechten versehen, was ihr aber nicht die Besitzverhältnisse zusichere.

Das ließ die Bergungsfirma natürlich nicht auf sich sitzen und sie bekam plötzlich Unterstützung aus England, der wirklichen Heimat der TITANIC. In einem Nachtragsantrag bekam die RMS Titanic Inc. von der Versicherungsfirma *Liverpool and London Steamship Protection and Idemnity Association Limited* die Bestätigung der Eigentumsrechte über die zukünftig geborgenen Artefakte zugesprochen.

In den USA hatte sich in der Zwischenzeit die Richterin Rebecca Beach Smith vom Bezirksgericht Norfolk des Falles angenommen. Sie konnte damals beileibe nicht ahnen, dass sie sich so lange mit der TITANIC würde beschäftigen müssen.

Im Sommer 2011 bekam sie vor geladenen Gästen die ersten Aufnahmen des Wracks zu sehen, die in einer Art 3D-Soanrscan vom Wrack des Schiffes und dem dazugehörigen Trümmerfeld gemacht wurden. Die Vorführung mit 3D-Brillen brachte Bilder von nie gekannter Erhabenheit des Wracks, da man auch deutlich in das Innere des Schiffes blicken konnte.

Dabei sprachen Fachleute der Bergungsfirma RMS Titanic Inc. davon, dass man bei dieser Gelegenheit auch den langen Riss im Rumpf, den der Eisberg beschädigte, hätte sehen können, da er seitlich die Steuerbordseite des Schiffes aufriss.

Der Präsident der Muttergesellschaft Premier Exhibtions Inc., Chris Davino, offenbarte vor Gericht auch die weiteren Bergungsabsichten der RMS Titanic Inc. indem er ausführte, dass auch *„immer mehr Umweltkatastrophen das Wrack der TITANIC bedrohen und man daher noch einige Dinge retten sollte, bevor es zu spät sein könnte. Aber es ist zu teuer, stets solche Expeditionen bezahlen zu müssen, deshalb brauchen wir die Genehmigung, um die Artefakte frei verkaufen zu dürfen."*

Die Richterin wollte daraufhin von Chris Davino wissen, wann man denn beabsichtigt zu tauchen.

„So genau können wir das aus Kostengründen noch nicht sagen, aber vielleicht schon im nächsten Jahr wieder!"

Weiter stellte Chris Davino vor Gericht fest, dass er sich gut vorstellen könne, die vor Gericht gezeigten 3D-Aufnahmen *„eines Tages der Öffentlichkeit zu zeigen"*.

Wie nett, kann der Autor da nur noch sagen, bzw. schreiben...

Am Donnerstag, den 18.August 2011 fällte Beach Smith dann ein schwerwiegendes Urteil mit weitreichenden Folgen für das Wrack, die Artefakte und die Historie der TITANIC.

Sie sprach die Eigentumsrechte an rund 3000 geborgenen Gegenständen des Wracks der Bergungsfirma RMS Titanic Inc. zu. Zur Auflage machte die Richterin, dass die Gegenstände *„nur als vollständige Sammlung"* verkauft werden dürfen, wobei die Bergungsfirma sicherstellen müsse, dass danach eine ordnungsgemäße Behandlung bzw. Verwahrung der Stücke gewährleistet ist.

Die Frage, was mit den weiteren Stücken vom Meeresgrund passiert, blieb unbeantwortet.

Insgesamt sollen inoffiziell über 8000 Gegenstände geborgen worden sein, von denen rund 1800 in *Frankreich* bei IFREMER lagern und sich damit dem Einfluss der Bergungsfirma entziehen. Aber auch sonst würde die RMS Titanic Inc. diese Artefakte wohl kaum zurückfordern, denn dann könnten die Franzosen so richtig ausholen was die Eigentumsrechte am Wrack der TITANIC betrifft…

Da schon zu Zeiten des verstorbenen George Tulloch eine nicht näher bekannte Anzahl an Artefakten *„unter das Volk gebracht wurden"*, bleiben immer noch weit mehr als die vom Gericht der Bergungsfirma zugesprochenen 3000 Artefakte. Von der illegalen „Operation Bluelight „ganz zu schweigen, die am Anfang des neuen Jahrtausends stattfand, und aus der mutmaßlich eine große Zahl an Artefakten meistbietend verhökert wurden…

Zum besseren Verständnis: Ende April 2004 wurde in den US-Medien bekannt, dass es im Oktober 2002 eine geheime Mission zum Wrack des Luxusdampfers unter

dem Codenamen „Bluelight" gegeben hat. Was zunächst nur als Gerücht durch die Weltgeschichte geisterte, bestätigte sich damit. Interessant ist da der Zusammenhang mit der Anklage, die bereits im November 2003 gegen Tulloch und Co. inszeniert wurde! Arnie Geller (der damalige Präsident der Bergungsfirma RMS Titanic Inc.) leugnete jegliches Wissen um diese „Geheimoperation". Fakt ist allerdings, dass die Nothern Horizon heimlich, still und leise ihren Heimathafen verließ und erst nach zwei Monaten (!!!) nach Liverpool zurückkehrte. An Bord waren die erfahrensten Experten mit modernstem Equipment um problemlos an die Laderäume der ersten Klasse heranzukommen. Geller jedenfalls wusste nach dem Tod George Tullochs von nichts. Und später bestritt die Bergungsfirma sogar ihre ursprünglich geäußerten Verkaufsabsichten von über 3000 Bergungsartefakten. Später kamen dann weitere Details ans Licht: Die Northern Horizon wurde für die Zeit von Oktober 2002 bis Dezember 2002 gechartert. Dafür zuständig war die in Florida ortsansässige Firma Ocean Resources Inc. Ein unbemanntes U-Boot buchte man interessanterweise allerdings in Frankreich. Aber nicht von IFREMER, sondern von der Firma L.D.TRAVOCEAN. Die Tauchfahrt habe nur deshalb stattgefunden, weil die RMS Titanic Inc. die Bergungsrechte abgeben wollte und man sich mit ihnen schon einigen würde, so hieß es... Spannend wie ein Krimi, oder?

Es war noch nicht allzu viel Zeit nach dem Gerichtsurteil ins Land gegangen, als anlässlich einer Aktionärsversammmlung die Premier Exhibtions Inc. ankündigte, sich völlig neu strukturieren zu wollen, da man mit der Tochtergesellschaft RMS Titanic Inc. neue Wege gehen wolle.

Das es dazu kommen würde, läge nicht zuletzt auch an dem Urteil von Rebecca Beach-Smith. Mit diesem Urteil sei es nun ratsam, die Firmen neu zu positionieren.

Der Mehrheitsinvestor Mark Sellers von Sellers Capital Inc. erklärte: *„Auch wegen der neuen Titanic-Euphorie ist es das oberste Gebot nun auch die Profite zu steigern. Dazu muss eine weitere Firma gegründet werden!"*

Unter dem neuen Namen Premier Exhibition Management (PEM) werde man künftig alle Firmen auch getrennt besser vermarkten können, so Sellers.

Sinnvoll wäre es seiner Ansicht nach, mit der neuen PEM auch gleich eine weitere Tochtergesellschaft zu gründen, die dann die Artefakte der RMS Titanic Inc. abkaufen könnte, *„da ja nur ein Gesamtverkauf laut Gerichtsbeschluss in Frage käme"*.

Somit habe erstens die RMS Titanic Inc. ihr Geld verdient und für alle weiteren Vermarktungsschritte operiere die Premier Exhibitions Inc. bzw. die Premier Exhibition Management als übergeordnete Stelle. *„Die PEM würde durch diese Dienstleistungen als Mittler Provisionen erhalten und man könnte auch durch künftige Lizenzvergabe weitere Profite einfahren. Das gilt dann auch für alle Videos, Fotos und Kartographien, die weiter zu vermarkten sind!"* erklärte Sellers.

Vor allem behielte das bisherige Firmenkonsortium die Kontrolle über die Bergungsstücke und kann auch weiterhin die Gewinne alleine einstreichen…

Kurz darauf gab Mark Sellers zunächst intern bekannt, dass bereits ein US-Auktionshaus beauftragt worden sei, im Jahre 2012 die Artefakte weiterzuverkaufen – einzeln.

In Absprache mit dem Auftraggeber teilte Guernsey Auctioneers in *New York* mit, dass man erst ab dem 16.April 2012 die einzelnen Stücke bekanntgeben werde, die *„schon mal zum ersten Teil der Versteigerung" gehörten. Man rechne bereits mit einem Provisionsprozentsatz in Höre von 8 %, was bezogen auf den zu erwartenden gewinn rund $ 5 Millionen US-Dollar allein an Provision bedeuten soll.*

Auch in *Deutschland* wurde dann darüber berichtet, unter anderem in der Neue Ruhr Zeitung (NRZ) vom Samstag, den 7.Januar 2012:

Titanic-Schätze kommen unter den Hammer

Große Versteigerung zum 100.Jahrestag in New York

New York. *Hundert Jahre nach dem Untergang der Titanic werden demnächst in New York mehr als 5000 Gegenstände versteigert, die nach dem Unglück geborgen wurden. Die ungewöhnliche Sammlung werde am 11.April als Gesamtpaket angeboten, teilte das Auktionshaus Guernsey`s mit. Der Wert der Fundstücke soll bei 189 Millionen Dollar (knapp 147 Millionen Euro) liegen.*

Einige der Dinge, die nun versteigert werden sollen, wurden schon gezeigt: Rasiersets, Kinderspielzeug, Kleidung,

*Schmuck oder die Messingknöpfe, die die Uniformen von
Kapitän Edward Smith und seinen Offizieren zierten.
Andere Sachen wie etwa Kristallkaraffen aus der Ersten
Klasse, ein lädierter Kronleuchter aus dem Restaurant und das
Geschirr lassen eine Ahnung von dem luxuriösen Leben an
Bord des damals größten Schiffs der Welt aufkommen.
Von der Titanic selbst stehen unter anderem ein 17 Tonnen
schweres Rumpfteil, ein Kompass sowie ein Megaphon zum
Verkauf.*

Am Donnerstag, den 4.April 2012, also kurz vor dem
100. Jahrestag der Tragödie, stellte die UNESCO das
Wrack der TITANIC als Weltkulturerbe unter den
Schutz ihrer Organisation.

Die Generalsekretärin der UNESCO, Irina Bokova
erklärte in Paris dazu:

*„Der Untergang der TITANIC ist im Gedächtnis der
Menschheit verankert. Er darf deshalb nicht zum Ziel von als
unwissenschaftlich oder unmoralisch eingestuften
Erkundungsfahrten werden. Kein Wrack hat so sehr unter der
Gier gelitten, wie die TITANIC. Alle diese alten Wracks sind
archäologische Stätten, die einen wissenschaftlichen Wert
darstellen; sie sind zugleich die Erinnerung an menschliche
Tragödien, die mit dem ihnen zustehenden Respekt behandelt
werden müssen."*

Irina Bokova zeigte sich anschließend zufrieden, dass
mit dieser Entscheidung der Streit um die TITANIC
beendet sei, da die TITANIC ohnehin in internationalen
Gewässern liegend, nicht einem einzelnen Staat gehört
habe.

Es ist schon bemerkenswert, dass das knapp 27 Jahre nach „Entdeckung" des Wracks endlich jemanden aufgefallen war...

Es bleibt nun allerdings die Frage nach den Artefakten offen, die ebenfalls unter den Schutz der UNESCO gehören.

Von nun an können die 41 Unterzeichnerstaaten des UNESCO-Abkommens sowohl die weiteren Tauchfahrten überwachen, als auch geeignete Maßnahmen ergreifen, wenn es um den Verkauf der Artefakte geht.

Problematisch ist dabei allerdings, dass Russland als einer der Haupttaucher zum Wrack der TITANIC nicht zu den 41 Unterzeichnerstaaten gehört und sich folglich auch nicht daran gebunden fühlt...

Eine andere Frage ist: Wie will die UNESCO das Ganze denn überhaupt überwachen?

Es scheint sich damit eher um eine schöne Absichtserklärung zu handeln, denn wirklich durchsetzen kann die UNESCO den Schutz des Wracks mit Sicherheit nicht.

Kurz darauf wurde die groß angekündigte Versteigerung, über die weltweit im großen Stil berichtet wurde, ohne Angabe von Gründen abgesagt, und das Auktionshaus Guernsey verweigerte jegliche Auskunft über die Gründe.

Einige Zeit später zeigte es sich, dass es im Streit um die
Artefakte noch lange keine Lösung geben würde, denn
ein nicht näher genannter Firmenzusammenschluss aus
Aktionären und Gesellschaftern gründete eine Firma, die
die Artefakte für 189 Millionen US-Dollar kaufen wollte
und dann der Bergungsfirma zur Verfügung stellen
sollte. Das Problem daran war aber, dass die Personen,
die diese Firma gründeten, allesamt aus dem Kreis der
Bergungsfirma und des dazugehörigen Mutterkonzerns
stammten.

Das würde dann im Prinzip bedeuten, dass sich die RMS
Titanic Inc. selbst die Artefakte verkauft um sie dann
einzeln meistbietend verhökern zu können, was einen
mehr als krassen Verstoß gegen das Urteil von Rebecca
Beach Smith bedeuten würde, die ja verfügt hatte, die
Artefakte nur als ganze Sammlung zu verkaufen. Ein
billiger Taschenspielertrick!!!...

In der Zwischenzeit war Beach Smith bereits mit
Vorwürfen der weltweiten TITANIC-Bewegung
konfrontiert worden, die sie darauf aufmerksam
machten, was hinter den Kulissen der Bergungsfirma
ablief. Daraufhin sah die Richterin sich dazu genötigt,
den Verkauf der Artefakte zu kontrollieren und zitierte
für Donnerstag, den 29.November 2012, den
Mutterkonzern, der sich das alles so schön ausgedacht
hatte, erneut vor Gericht, um sich den Sachverhalt der
neuen Tochterfirma näher erklären zu lassen.

Das ließ den Aktienkurs der Premier Exhibition Inc, der zwischenzeitlich einen regelrechten Höhenflug hingelegt hatte, rapide abstürzen.

Mit all diesen Dingen konfrontiert, entschied sich Smith dazu, sich erneut eingehend mit dem Fall der Artefakte der TITANIC zu befassen.

Im Mai 2015 ging der Thriller um die Artefakte unerwartet in die nächste Runde, denn im Mai 2015 eröffnete die Premier Exhibition Inc. ein Ausstellungsgebäude an der Fifth Avenue in New York City, in dem die beiden Ausstellungen „Saturday Night Live: The Exhibition" und „The Discovery of King Tut" stattfanden. Diese beiden Ausstellungen wurden jedoch ein riesiger Flop und am Dienstag, den 14.Juni 2016 musste die Premier Exhibition Inc. schließlich Insolvenz anmelden.

Vor dem Insolvenzgericht wollte Premier Exhibition Inc. erreichen, dass ein Teil der TITANIC-Sammlung verkauft werden kann, um die Schulden zu begleichen. Dies widersprach jedoch den bis dahin ergangenen Urteilen, da der RMS Titanic Inc. die Eigentumsrechte nur unter der Bedingung eingeräumt wurden, dass die Sammlung als Ganzes erhalten bleibt und nicht an Privatpersonen verkauft wird.

Vor Gericht argumentierte Premier Exhibition Inc., dass sie nur einen kleinen Teil der Sammlung verkaufen wollten und 95,5 % zusammenbleiben würden.

Premier Exhibition Inc. erklärte im August 2016, dass es einen Teil der sogenannten "französischen" TITANIC-

Artefakte "problemlos" verkaufen könne. Frankreich habe keinen Anspruch oder Interesse an den TITANIC-Gegenständen, behauptete Premier Exhibition Inc. vor Gericht. Das US-Außenministerium widersprach jedoch dieser Behauptung und verwies "zum Schutz Frankreichs" auf die geltenden Vereinbarungen zwischen der RMS Titanic Inc. und Frankreich, wonach der Verzicht auf die Artefakte nur unter der Bedingung gültig ist, dass sie auf Dauer "rein kulturell" genutzt werden. Das heißt, sie dürfen in Ausstellungen gezeigt, aber nicht verkauft werden.

Der Richter folgte dann der Argumentation des Außenministeriums und lehnte einen Teilverkauf der "französischen Artefakte" an private Käufer strikt ab. In der Folge versuchte Premier Exhibition Inc. jedoch, von den Gerichten in Frankreich feststellen zu lassen, dass Frankreich keinen Anspruch auf die Sammlung hat und daher vor dem Konkursgericht nicht als Argument angeführt werden kann, um den Verkauf eines Teils der "französischen" Artefakte" zur Haushaltssanierung zu untersagen. Die Premier Exhibition setzte sich mit der französischen Botschaft in den USA in Verbindung und setzte eine Frist, innerhalb derer Frankreich etwaige Eigentumsansprüche geltend machen konnte. Eine Antwort Frankreichs blieb jedoch aus, und so entschied das Konkursgericht im August 2017, dass die "französischen" Artefakte" nun auch der Premier Exhibition Inc. / RMS Titanic Inc. gehören.

Im Herbst 2018 standen die 5 500 Artefakte der TITANIC nach dem Konkursantrag von Premier Exhibition in den Vereinigten Staaten zum Verkauf. Das National Maritime Museum, die National Museums Northern

Ireland, Titanic Belfast und die Titanic Foundation Limited hatten sich zu einem Konsortium zusammengeschlossen und Geld für den Kauf der Artefakte gesammelt. Sie beabsichtigten, alle Gegenstände in einer einzigen Ausstellung zusammenzufassen. Die Museen kritisierten das vom Konkursgericht festgelegte Gebotsverfahren, das ein Mindestgebot von 21,5 Mio. US-Dollar (16,5 Mio. £) vorsah. Das Konsortium verfügte nicht über genügend Mittel, um diesen Betrag aufzubringen, und war nicht in der Lage, zum festgelegten Termin, Donnerstag, den 11. Oktober 2018, ein Gebot abzugeben.

Das Museum Titanic Belfast hatte keine reelle Chance die Artefakte der TITANIC zu kaufen. © Privatfoto Norbert Zimmermann

Am Donnerstag, den 18. Oktober 2018 gab das zuständige Gericht bekannt, dass die Artefakte für 19,5 Millionen US-Dollar an das in Hongkong ansässige Hedgefonds-Konsortium verkauft werden durften, zu dem Apollo Global Management, Alta Fundamental

Advisors und PacBridge Capital Partners (HK) Ltd. gehören. Ein Tiefschlag für alle, die sich für die TITANIC interessieren...

In einem kritischen Meinungsartikel, der im Juni 2020 veröffentlicht wurde, wurde Premier Exhibition und insbesondere seiner Tochtergesellschaft R.M.S. Titanic Inc. vorgeworfen, bei der Versteigerung der Artefakte ein falsches Spiel getrieben zu haben, und es wurde behauptet, das Unternehmen habe Konkurs angemeldet, um seine Verpflichtung zu umgehen, die Sammlungen zusammenzuhalten und der Öffentlichkeit zugänglich zu machen. In dem Beitrag wurde das die Führung des Unternehmens als "Banditen" und "untauglich" bezeichnet.

Eine weitere Kontroverse entstand 2020, als die RMS Titanic Inc. Pläne ankündigte, das Funkgerät der TITANIC zu bergen und auszustellen. Die US-Regierung focht diesen Plan im Juni vor dem 4. US-Berufungsgericht mit der Begründung an, dass eine solche Expedition, die das marode Wrack "physisch verändern oder stören" könnte, eine Genehmigung des US-Handelsministeriums erfordert und gegen ein Abkommen mit Großbritannien verstoßen würde, das das Betreten des Schiffskörpers regelt.

Nachdem klar wurde, dass eine Tauchexpedition zur Bergung des Marconi-Raums wahrscheinlich an einem gerichtlichen Veto scheitern würde, gab die RMS Titanic Inc. bekannt, dass die Pläne zur Bergung gescheitert seien. Als Gründe wurden angegeben, dass man wegen der Corona-Pandemie nicht tauchen könne und dass die

Kosten der Bergung in keinem Verhältnis zum Ertrag stünden, weshalb man davon absehe.

Es bleibt abzuwarten, ob die Pläne zur Bergung des Marconi-Raums wirklich gescheitert sind. Für viele Kritiker dienten sie nur als Vorwand, um einen so genannten "Präzedenzfall" zu schaffen, so dass es entgegen der bisherigen Rechtsprechung möglich wäre, in das Wrack einzudringen und dort Artefakte zu bergen.

Fortsetzung folgt…

Ein Blick in die Zukunft
– TITANIC II?

Lange habe ich überlegt, ob ich dieses Kapitel im Buch belassen soll, aber ich habe mich schließlich dazu entschlossen es nicht zu streichen.

In der Hochphase des TITANIC-Hypes der sich im Zuge des Kinofilms von James Cameron (1997) einstellte, kamen einige reiche Menschen auf die Idee, man könne die TITANIC vielleicht nachbauen (natürlich mit neuester Sicherheitstechnik) und sie dann im April 2002, zum 90.Jahrestag des Untergangs der originalen TITANIC, auf ihre Jungfernfahrt schicken.

Erste Pläne einer Werft in Durban (Südafrika) waren bereits konkret geworden. Aber diese Pläne von Sarel Gous und seiner RMS Titanic Shipping Holdings zerschlugen sich schließlich und danach hörte niemand mehr etwas darüber.

Sämtliche Projekte hatten sich als zu kostspielig und nicht wirtschaftlich erwiesen und so wurden sie von ihren Befürwortern schlussendlich zu Grabe getragen.

Dem Australier Clive Palmer waren diese Fehlschläge allerdings egal und so ging er am Montag, den 30.April 2012 mit seinen Plänen für eine „TITANIC II" vor die versammelte Presse und stellte sein Projekt vor:

Palmer plante, eine Flotte von Luxusschiffen zu bauen, darunter eine „*TITANIC des 21.Jahrhunderts*"

Als Reederei sollte die von Clive Palmer neu gegründete *Blue Star Line* fungieren

Gebaut werden sollte das Schiff auf einer chinesischen Werft (CSJ Jinling Shipping) mit der bereits Vorverträge abgeschlossen wurden. Die Unterschiede zur echten TITANIC bestanden in der Technik und der Bauweise des Schiffes– statt der damaligen Nietung sollte diesmal geschweißt werden, aber das ist nun keine wirkliche Überraschung…

Als Projektberater wurden mit Steve Hall und Daniel Klistorner zwei exzellente Kenner der Original-TITANIC gewonnen. Die finnische Firma Deltamarin sollte das Projekt begleiten und dabei sicherstellen, dass die TITANIC II den aktuellen Sicherheits- und Bauvorschriften entspricht.

Es war geplant, ab dem D-Deck aufwärts die Treppenhäuser, Kabinen und öffentlichen Räume nach dem Vorbild der TITANIC zu platzieren, wobei zwischen dem C- und dem D-Deck ein zusätzliches Deck vorgesehen war- das sogenannte Sicherheitsdeck mit Rettungsbooten, die den modernen Vorschriften entsprechen.

Ein Beirat aus Nachfahren von Crewmitgliedern und Passagieren der TITANIC begleitete das Projekt.

Die Jungfernfahrt der TITANIC II war für Ende 2016 auf der Route Southampton-New York vorgesehen (eine

Eskorte sollte dabei durch die chinesische Marine gestellt werden).

Die Länge der geplanten TITANIC II betrug 269 Meter. Sie war geplant mit neun Decks mit insgesamt 840 Kabinen. Ferner Restaurants, Swimming-Pools, Fitnessraum, Bibliothek und vielem mehr.

Kosten des Megaprojekts: Unbekannt...

Die TITANIC II wäre acht Zentimeter länger als das Original, da am Bug eine Kamera installiert werden sollte, um Besuchern die Möglichkeit zu geben, sich in der Jack &Rose Position fotografieren zu lassen...

An Bord sollte es so weit wie möglich technikfrei bleiben – für Passagiere sollte es beispielsweise kein Internet geben.

Die TITANIC II in Daten:

Gesamtlänge: 269 m
Breite: 32,2 m
Tiefgang: 7,5 m
GRT: 55 800
Reisegeschwindigkeit: 23 Knoten
Schrauben: drei jeweils vierblättrige Schrauben an Azipod-Propellergondeln
Kapazität in den Rettungsbooten: 2700 plus 800 Plätze in Flößen u. ä.
Maschinenleistung: 48.000 KW
Bugstrahlruder: zwei pro Seite

Crew: 900
Passagiere: 2.435
Kabinen: 835
1. Klasse Kabinen: 372
2. Klasse Kabinen: 206
3. Klasse Kabinen: 257
Decks:
Boat-Deck
Promenade Deck/A
Bridge Deck/B
Shelter Deck/C
Safety Deck
Saloon Deck/D
Upper Deck/E
Middle Deck/F
Lower Deck/G
Tanktop

Neu geschaffene Ausstattungen:

-   Theater mit 400 Sitzplätzen
-   Casino
-   Einkaufszeile
-   Business Center
-   Hospital
-   Hubschrauberlandeplatz auf dem Achterdeck
-   Klimaanlagen
-   Wi-Fi-Internet

Von der TITANIC übernommene Ausstattungen:

-   Erste Klasse: Turnhalle, Türkisches Bad, Squash-Raum, Schwimmbad, großes Treppenhaus,

Rauchsalon, Veranda und Palmengarten, Café
Parisien, A-la-carte-Restaurant, Lounge,
Speisesaal, Empfangshalle, die beiden Suiten mit
zwei Schlafzimmern, einem eigenen Bad,
Wohnzimmer mit Kamin und Privatpromenade
- Zweite und Dritte Klasse sollen überall dort, wo
es umsetzbar ist, identisch sein

- Funkraum

- Quartier des Kapitäns mit Wohn- und
Schlafzimmer

Von Montag, den 9.September bis Donnerstag, den
12.September 2013 fanden in der Hamburgischen
Schiffsbau-Versuchsanstalt (HSVA) Versuche mit einem
Modell der TITANIC II statt.

Bei diesem Test wurde ein 9,3 m langes Holzmodell der
TITANIC II Geschwindigkeit –und Widerstandstests
unterzogen. Dabei wurde das Verhalten des Schiffes, das
einen Prototyp darstellte, bei Geschwindigkeiten von 18
bis 24 Knoten unterzogen. Wie es heißt, waren diese
Tests erfolgreich.

Kurz darauf wurde als Baubeginn März 2014 avisiert.
Im Mai 2014 gab dann Clive Palmer auf einer
Pressekonferenz in Shanghai bekannt, dass sich die
Jungfernfahrt der TITANIC II um zwei Jahre verzögern
würde. Somit wäre dann das Jahr 2018 der Termin für
die Jungfernfahrt gewesen.

Bis heute (Stand 2022) hat der Bau des Schiffes noch immer nicht begonnen und er wird wohl auch niemals beginnen. Das Projekt TITANIC II ist als gescheitert zu betrachten, wie bereits seine Vorgänger am Ende der 90er Jahre...

In der chinesischen Provinz Sichuan begann 2014 ein weiteres Projekt. Dort wurde ein 1:1 Nachbau der TITANIC begonnen, der als schwimmendes Hotel und Eventschiff die Hauptattraktion eines Urlaubsressorts Besucher aus aller Welt anlocken sollte. Einige Komponenten des Parks, wie ein Indoor-Strand und eine Eishalle wurden fertiggestellt während sich der eigentliche Bau des Schiffes immer wieder verzögerte. Zwischenzeitlich gab es immer wieder Unterbrechungen beim Bau an der TITANIC 2, da dem Energiekonzern Seven Star, der hinter dem Projekt stand, das Geld ausging. Und im Frühjahr 2022 wurde bekannt, dass das Projekt gestorben sei. Bis dahin waren 75% des Rumpfes fertiggestellt. Seitdem rostet die TITANIC 2 vor sich hin. Ein weiteres Nachbauprojekt war damit gescheitert!

ERECTED
TO THE MEMORY
OF AN
UNKNOWN CHILD
WHOSE REMAINS
WERE RECOVERED
AFTER THE
DISASTER TO
THE "TITANIC"
APRIL 15TH 1912

SIDNEY LESLIE
GOODWIN
SEPT. 9, 1910
APR. 15, 1912

TITANIC- Filme

Es wurden seit dem tragischen Untergang der TITANIC am 15.April 1912 schon sehr viele Filme über das berühmte Schiff gedreht und ich möchte auf den nächsten Seiten die bekanntesten Verfilmungen vorstellen.

Saved from the Titanic (1912)

Bereits einen Monat nach der schrecklichen Tragödie kam der Wochenschaufilm *„Saved from the Titanic"* mit der überlebenden Schauspielerin Dorothy Gibson in der Hauptrolle in die Kinos. Sie trug in diesem Film, der leider bei einem Brand der Filmfirma 1914 verloren gegangen sein soll, dasselbe Kleid was sie in der Unglücksnacht getragen hatte, was wohl zur Authentizität des Filmes beitragen sollte, ebenso die Bilder von der Olympic und der Lusitania die in diesem Film verwendet wurden.

Die Dreharbeiten zu diesem Film nahmen Dorothy verständlicherweise sehr mit, denn ihre eigene Rolle in dem ganzen furchtbaren Geschehen noch einmal nachzuspielen ging eigentlich über ihre Kräfte hinaus.

Regie: Etienne Arnaud
Länge: 10 min
Besetzung: Dorothy Gibson, Alec B. Francis, Julia Stuart, John G. Adolfi

In Nacht und Eis (1912)

Der deutsche Stummfilm über die TITANIC entstand
unter der Regie des Rumänen Mime Misu im Jahre 1912
und galt viele Jahre als verschollen ehe er 1998, als James
Camerons Welterfolg "TITANIC" in den Kinos bereits
erste große Erfolge feierte, in Berlin wieder auftauchte.

Der Film wurde "nach authentischen Berichten" über die
Katastrophe gedreht und entstand an der Ostseeküste
sowie am Greipelsee bei Königswusterhausen in der
Nähe von Berlin, wo das von leeren Bierfässern
getragene Modell der TITANIC Dampf speiend
unterging und der Kapitän den Heldentod starb. Leider
sieht man Kapitän Smith an, dass das Wasser eigentlich
nur hüfttief war.

Regie: Mime Misu
Länge: 41 Minuten (farbig restaurierte Fassung)
Besetzung: Waldemar Hecker, Otto Rippert, Ernst
Rückert, Willy Hameister

Atlantic (1929)

Der Untergang der TITANIC dient der Handlung des ersten reinen deutschen Tonfilms als Folie; ein in den Sensationsszenen und seinem ausgespielten Pathos veraltetes Katastrophendrama.

Regie: E.A. Dupont
Länge: 90 Minuten
Besetzung: Fritz Kortner, Elsa Wagner, Heinrich Schroth, Julia Serda, Elfriede Borodin

Titanic (1943)

Dieser von den Nazis produzierte Film schuf vor allem in Deutschland Mythen, von denen sich einige bis heute in der älteren Bevölkerung halten, wie z. B. die Behauptung, die TITANIC sei aus dem Wunsch heraus, im Kampf um das so genannte "Blaue Band" Rekorde zu brechen, in den Untergang gesegelt. Es ist erwiesen, dass die TITANIC diesen von der Mauretania gehaltenen Rekord niemals hätte erreichen können, da sie nicht dafür ausgelegt war. Die White Star Line war auch nicht vom Konkurs bedroht und erhöhte daher nicht ihre Geschwindigkeit, um den Aktienkurs in die Höhe zu treiben.

Der eigentliche Regisseur des Films, Herbert Selpin, wurde während der Dreharbeiten wegen negativer Äußerungen über die Wehrmacht verhaftet und "nach

Angaben des Ministeriums" am 1. August 1942 tot in seiner Zelle aufgefunden. Ob es sich um Selbstmord oder Mord handelte, blieb unklar.

Als der Film 1943 fertiggestellt wurde, hatte sich die Kriegslage für das Deutsche Reich so ungünstig entwickelt, dass Propagandaminister Joseph Goebbels defätistische Auswirkungen für Deutschland befürchtete und den Film nicht für die deutschen Kinos freigab. Der Film wurde nur im deutsch besetzten Ausland gezeigt, da ein Schiffbruch von den deutschen Kinobesuchern nur allzu leicht mit dem Untergang des Deutschen Reiches assoziiert werden konnte.

Die Szenen des Films, die in der Nacht des Untergangs spielen und das Bootsdeck der TITANIC zeigen, wurden an Bord der Cap Arcona gedreht, einem deutschen Schiff, das 1945 in der Lübecker Bucht von alliierten Bombern getroffen wurde und mehrere tausend deportierte KZ-Häftlinge tötete.

Regie: Walter Klingler, Herbert Selpin
Länge: 85 Minuten
Darsteller: Sybille Schmitz, Hans Nielsen, Ernst Fritz Fürbringer, Karl Schönböck

Sinking of the Titanic (1953)

Dieser Film erzählt vom Untergang der TITANIC, konzentriert sich aber auf die Eheprobleme der fiktiven Familie Sturges.

In der Handlung des Films will Julia Sturges, in deren Ehe es schon seit langem nicht mehr stimmt, ihren Mann Richard verlassen. Deshalb geht sie mit ihrer Tochter Annette und ihrem Sohn Norman an Bord der TITANIC. Ihr Mann Richard folgt ihr jedoch und bekommt schließlich von einer Auswandererfamilie ein Ticket für die Jungfernfahrt der TITANIC. Trotz ihrer Versuche, ihre Eheprobleme vor den Kindern herunterzuspielen, eskaliert die Situation immer mehr. Während der Reise verliebt sich Annette in Gifford Rogers, der aus ärmlichen Verhältnissen stammt und ihr den Hof macht, während Richard erfährt, dass Norman nicht sein leiblicher Sohn ist und aus einer außerehelichen Affäre mit seiner Frau Julia stammt.

Daraufhin fühlt er sich in seiner Ehre verletzt und lässt dies den ahnungslosen Norman spüren. Als die TITANIC den Eisberg rammt und sinkt, gelingt es Julia, Annette und Norman, einen Platz im Rettungsboot zu ergattern, während Richard, wie alle Männer, an Bord bleiben und auf sein baldiges Ende warten muss.

Aus Liebe zu seinem vermeintlichen Vater gibt Norman seinen Platz im Rettungsboot an eine Frau ab und verlässt, unbemerkt von seiner Mutter, das Boot, um mit seinem Vater "wie ein Mann" unterzugehen.

Ein insgesamt sehr guter Film, allerdings mit einigen schwerwiegenden Fehlern, wie zum Beispiel, dass die TITANIC im Film den Eisberg auf der falschen Seite rammt. Auch die Tatsache, dass das Schiff um 0.20 Uhr gesunken sein soll, ist ein großer Fehler.

Der Film erhielt 1954 eine Oscar-Nominierung in der Kategorie "Bestes Szenenbild" und wurde schließlich mit einem Oscar für das "Beste Drehbuch" ausgezeichnet.

Regie: Jean Negulesco
Länge: 100 Minuten
Darsteller: Clifton Webb, Barbara Stanwyck, Robert Wagner

Die letzte Nacht der Titanic (1958)

Dieser Film wurde unter der Regie von Roy Ward Baker nach dem gleichnamigen Roman von Walter Lord in England und Schottland gedreht. Unter den meisten Titanic- Historikern gilt dieser Film aufgrund seiner historischen Genauigkeit und deren Umsetzung als der beste Titanic-Film aller Zeiten.

Berater des Films waren 64 Überlebende der TITANIC-Katastrophe, die damals noch am Leben waren (darunter der Fünfte Offizier der TITANIC, Joseph Boxhall) und deren Schicksal im Film verarbeitet wurde.

Übrigens wurde die Geschichte des Untergangs der TITANIC in diesem Film aus der Sicht des überlebenden Zweiten Offiziers Charles Herbert Lightoller erzählt.

Interessant ist übrigens, dass der Schauspieler Bernard Fox, der in diesem Film den Ausguck Frederick Fleet spielte, fast 40 Jahre später auch in der berühmtesten TITANIC-Verfilmung aller Zeiten von James Cameron mitwirkte, wo er den Passagier Archibald Gracie verkörperte. Dieser beeindruckende Film über den Untergang der TITANIC, den James Cameron später als Vorbild bezeichnete, gewann 1959 einen Golden Globe für das "Beste Filmdrama".

Regie: Roy Ward Baker
Länge: 121 Minuten
Darsteller: Kenneth Moore, David McCallum, Laurence Naismith, Richard Leech, Michael Goodliife, Bernard Fox

SOS TITANIC (1979)

Der britisch- US-amerikanische Film des Regisseurs William Hale wurde mit britischen Geldern und vielen britischen Darstellern in den Shepperton Studios in London gedreht.

Um das Drama aller drei Klassem auf der TITANIC aufzuzeigen werden gleich drei Handlungen parallel erzählt. In der ersten Klasse ist es John Jacob Astor, der mit seiner jungen und schwangeren Frau Madeleine nach New York reist, in der zweiten Klasse ist es der Hochschullehrer Lawrence Beesley, der eine Romanze mit seiner Berufskollegin Leigh Goodwin beginnt, und in der dritten Klasse verliebt sich der irische Immigrant Martin Gallagher in eine unbekannte irische Schönheit. Diese TITANIC-Verfilmung wird als technisch weniger gelungen angesehen und beschränkt sich mehr auf die historischen Fakten, als auf die Authentizität des Filmsets. Die TITANIC ist in diesem Film weder realistisch noch im Maßstab und Aussehen rekonstruiert worden. Die Einrichtung der für die Innenaufnahmen verwendeten Kulissen entsprach zum großen Teil dem Stil der 30er Jahre.

Einige Außenaufnahmen lassen erkennen, dass der Film teilweise auf der Queen Mary der Cunard Line gedreht wurde, denn an einer Stelle ist sehr klar die Steuerbordnock der Kommandobrücke zu erkennen, der bei der Queen Mary auf einen eigenen Turm gestützt ist. Ferner ähneln einige Einstellungen des sinkenden Schiffs den vergleichbaren Sequenzen aus dem Film "Die letzte

Nacht der Titanic" aus dem Jahre 1958, welche für diesen Film offensichtlich eincoloriert wurden.

Eine andere Parallele zum Film "Die letzte Nacht der Titanic" ist, dass der Schauspieler David Warner, der in diesem Streifen den Lehrer Lawrence Beesley spielt, 18 Jahre später ebenfalls im Titanic-Film von James Cameron mitwirkt und dort den Kammerdiener Spicer Lovejoy darstellt.

Im Jahre 1980 erhielt der Film eine Emmy-Nominierung in der Kategorie "Bester Schnitt"

Regie: William Hale
Länge: 102 Minuten
Besetzung: David Janssen, Cloris Leachman, Susan Saint James, David Warner

The Titanic (1996)

Dieser TV-Zweiteiler wurde im Jahre 1996 produziert, nur ein Jahr bevor der Welterfolg "TITANIC" von James Cameron in die Kinos kam.

Der Film basiert auf dem Roman "TITANIC: An Illustrated History" und versucht trotz Fiktionen das historische Drama so authentisch wie möglich wiederzugeben.

Der Regisseur Robert Lieberman ließ Teile des Decks der TITANIC nachbauen, war dabei aber nicht annähernd so detailgetreu wie später James Cameron. Es fehlt ein ganzes Stockwerk des Schiffes, so dass zwischen Bootsdeck und Heck nur ein Treppenabsatz liegt. Die Aufnahmen des Schiffes aus der Totalen entstanden am Computer und wirken daher sehr künstlich. Trotzdem ist der Aufwand für eine Fernsehproduktion recht beachtlich.

Im Großen und Ganzen hält der Film nicht ganz das, was die recht prominente Darstellerregie verspricht. Einige historische Fehler schlichen sich ebenfalls ein. So wird groß und breit darauf hingewiesen, dass die TITANIC keine roten Leuchtraketen abfeuerte und es daher aus Sicht der Californian keine Notraketen gewesen seien. Das ist definitiv falsch, denn die Regelung mit den roten Notraketen kam erst nach dem Untergang der TITANIC. Ferner fehlt der Erbauer Thomas Andrews in diesem Film und Kapitän Smith macht seinen Ersten Offizier Murdoch zum Vorwurf, dass er seitlich am Eisberg vorbeifahren wollte. Das dieses Manöver dem Schiff zum Verhängnis wurde, kam erst sehr viel später heraus.

Regie: Robert Lieberman
Länge: 180 Minuten
Besetzung: Catherina Zeta-Jones, Peter Gallagher, George C. Scott, Tim Curry

Titanic (1997)

Der letzte und bei weitem erfolgreichste Film über den Untergang der TITANIC wurde von James Cameron inszeniert und erzählt die Geschichte der Jungfernfahrt des Schiffes im April 1912 nach.

In die Fakten des Untergangs wurde eine Liebesgeschichte mit fiktiven Figuren (Jack und Rose) eingeflochten. Der Film, der für unglaubliche 14 Oscars nominiert war und elf davon gewann (darunter den Oscar für den "Besten Film"), hatte allein in den USA 130,9 Millionen Kinobesucher. Auch in Deutschland sahen 18 Millionen Menschen den Film.

Der Film zeigte unter anderem noch nie gezeigte Innenaufnahmen des Wracks der TITANIC, zu dem Cameron mehrmals hinabtauchte. Außerdem wurde die TITANIC fast in Originalgröße und absolut detailgetreu nachgebaut. Das Innere und Äußere des Filmsets wurde exakt der TITANIC nachempfunden. Auch der Untergang des Schiffes wurde originalgetreu mit dem Modell gefilmt. Auch das Auseinanderbrechen der

TITANIC während des Untergangs wurde zum ersten Mal gezeigt.

In diesem Film spielten David Warner und Bernard Fox mit, zwei Schauspieler, die bereits in anderen TITANIC-Verfilmungen mitgewirkt hatten:

Bernard Fox - Die letzte Nacht der Titanic (1958).
David Warner - SOS TITANIC (1979)

Regisseur: James Cameron
Länge: 189 Minuten
Darsteller: Leonardo DiCaprio, Kate Winslet, Bernard Hill, Victor Garber, Billy Zane, Kathy Bates, David Warner, Bernard Fox, Gloria Stuart, Bill Paxton, Frances Fisher

Schlusswort

Der Untergang der TITANIC am 15.April 1912 im eisigen Nordatlantik markierte eine Wende in der Geschichte der Seefahrt.

Was bleibt hängen, über 110 Jahre nach dem Untergang der TITANIC?

Ein als „unsinkbar" beschriebenes Schiff geht auf seine erste Fahrt und kollidiert nach vier Tagen auf See mit einem Eisberg und sinkt in 2 Stunden und 40 Minuten. Aufgrund von völlig veralteten Vorschriften sind viel zu wenige Rettungsboote an Bord des Schiffes und selbst diese werden nicht annähernd voll besetzt. Mehr als 1500 Menschen überleben diese eiskalte Nacht im Nordatlantik nicht.

Das Ende einer Ära wurde damit eingeläutet und sollte die Schifffahrt bis zum heutigen Tage prägen.

Niemals wurde danach noch ein Schiff als „unsinkbar" bezeichnet, wie die TITANIC vor über einhundert Jahren.

Für die über 1500 Menschen, die in dieser schrecklichen Nacht des Jahres 1912 ihr Leben verloren, kam diese Erkenntnis leider zu spät.

Erst nach der Katastrophe wurden die Bestimmungen für die Seefahrt geändert, wie zum Beispiel die Zahl der

Rettungsboote an Bord eines Schiffes. Auf der TITANIC waren nur für etwa ein Drittel der zulässigen Gesamtzahl der Menschen an Bord auch Rettungsboote vorhanden.

Da die TITANIC bei weitem nicht ausgebucht war, kann man im Nachhinein von Glück reden, dass die Jungfernfahrt des Luxusliners nicht voll belegt war.

Eine internationale Eispatrouille wurde ins Leben gerufen, die sofort Meldung macht, wenn auf Schiffsrouten Eisberge auftauchen.

Auf jeden Fall wurde die Seefahrt nach der Katastrophe der TITANIC um einiges sicherer, auch wenn Schiffsuntergänge natürlich immer wieder mal vorkommen können.

Es sei da nur an das Fährschiff Estonia erinnert, dass am Mittwoch, den 28.September 1994 sank und 852 Menschen in den Tod riss. Dieses Schiffsunglück ist mit Sicherheit das prägendste meiner Generation.

Es soll hier jetzt nicht der Eindruck entstehen, als sei die TITANIC ein „unsicheres Schiff" gewesen. Das war sie mit Sicherheit nicht, aber es trafen in jener Nacht so viele unglückliche Umstände aufeinander, dass sie leider durch ihren tragischen Untergang das berühmteste Schiff aller Zeiten wurde.

Es wurde nach der Katastrophe viele Jahrzehnte ruhig um die TITANIC und Schatzsucher zerbrachen sich über Jahrzehnte den Kopf darüber wie man die TITANIC finden und bergen kann.

Als das Wrack dann am 1.September 1985 „offiziell gefunden wurde" kam der legendäre Luxusliner wieder ins Bewusstsein der Menschen zurück.

Als mit dem mit 11 Oscars prämierten Blockbuster „TITANIC" von James Cameron begann dann der Hype um das berühmte Schiff.

Leider ist dieser Hype nicht unbedingt förderlich für die Historie des Schiffes gewesen, denn viele Zeitgenossen haben immer mehr Schwierigkeiten Realität und Fiktion auseinanderzuhalten.

Wenn man einigen Interessierten schon explizit sagen muss, dass die TITANIC wirklich existiert hat, und der Film die tatsächlich stattgefundene Tragödie darstellte, dann sagt das schon einiges aus.

Und die Bergungsfirma RMS Titanic Inc. weiß natürlich auch aus der gesunkenen TITANIC und dem Hype um das Schiff ihren Profit zu ziehen.

Seitdem mit den geborgenen Artefakten des Schiffes so richtig Kasse gemacht werden kann, ist es um den Erhalt der Historie geschehen.

Die Historie wurde systematisch umgeschrieben, teils um Wrackbergungen zu rechtfertigen, teils um Dinge nicht zugeben zu müssen, die der Bergungsfirma unangenehm sein könnten. Vielfach weiß schon keiner mehr, was Wahrheit und was Dichtung ist…

Ein gutes Beispiel dafür ist, dass viele Aussagen von Überlebenden nach der „Entdeckung" des Wracks an die neuen Erkenntnisse angepasst wurden.

Die Überlebende Eva Hart beispielsweise hatte im Jahre 1982, also drei Jahre vor der offiziellen Entdeckung des Wracks, dem texanischen Öl-Millionär Jack Grimm für sein Buch „Search for the Titanic" ein Interview gegeben in deren Verlauf Eva Hart auch über das mögliche Auseinanderbrechen der TITANIC befragt wurde:

Jack Grimm: „Als das Schiff unter die Oberfläche gesunken ist, sprachen einige Berichte davon, dass das Schiff entzweibrach und der Bug oder ein Teil des Schiffes die Oberfläche erreichte, bevor es wieder gesunken ist. Haben Sie eine Erinnerung daran?"

Eva Hart: „Ich habe es sinken gesehen, und ich schrie vor Entsetzen. Aber meine Mutter, die eine sehr ruhige Person war, ungeachtet der Tatsache, dass sie diese Vorahnung hatte, hat bis zu dem Tag an dem sie starb geschworen, dass das Schiff entzweigebrochen war."

Jack Grimm: „Ja, wir haben viele Aussagen dazu gehört."

Eva Hart: " Sie hat es so gesagt. Ich kann nicht sagen, dass ich weiß, dass sie (die TITANIC, Anm. des Autors) es getan hat, weil ich es nicht weiß. Ich denke, dass ich zu erschrocken war."

Einige Jahre und Expeditionen zum Wrack später klang das Ganze dann schon ganz anders:

„Ich sehe noch genau vor mir, wie das Schiff unterging und die Erinnerungen daran sind für mich das Schlimmste. Ich habe das Grauen mit eigenen Augen gesehen, und seit dieser Nacht bis zum heutigen Tage lasse ich mich nicht davon abbringen, dass das Schiff während es unterging in zwei Hälften zerbrach. Ich sehe es noch genau vor mir. Es war so furchtbar. Ich konnte nicht wegsehen. Der vordere Teil ging zuerst unter und das Heck des Schiffes ragte ziemlich lange aus dem Wasser heraus."

Das ist dann doch mehr als widersprüchlich. Und es gibt mehrere andere Beispiele, bei denen Überlebende plötzlich komplett ihre Meinung änderten…

Es musste anscheinend der Eindruck erweckt werden, dass die Briten und die White Star Line partout nicht zugeben wollten, dass die TITANIC in zwei Teile zerbrach. Ich würde sagen, dass wurde auch geschafft.

Die meisten haben diese Sichtweise schon eins zu eins übernommen und sind immer sehr überrascht, wenn ihnen diese Widersprüche präsentiert werden.

Daher ist es umso wichtiger die Historie wahrheitsgemäß zu erhalten, sodass es nicht mehr möglich ist, die Geschichte so umzuschreiben wie es gerade so in den Kram passt.

Es bleibt dabei nur zu hoffen, dass sich für diese Aufgabe genug Mitstreiter finden werden.

Seit einiger Zeit ist in diesem Zusammenhang ein neues Phänomen zu beobachten: Einige „Experten" behaupten nun, teilweise vehement und

oberlehrerhaft, dass diejenigen Passagiere die gesagt haben, dass das Schiff in einem Stück unterging und das auch in Büchern und Dokumentationen kundtaten, gezwungen wurden das zu sagen. Sehr interessant, wie damit versucht wird den Spieß umzudrehen. Aber beim Thema TITANIC wundert mich nun wirklich nichts mehr...

Ich erforsche mittlerweile, mit einer etwas längeren Unterbrechung, seit 1985 die Historie der TITANIC. Vieles habe ich seither gehört und gelesen und dabei auch einige interessante Menschen kennenlernen dürfen. Was mir in all den Jahren auffiel ist, dass sich viele, die sich mit der TITANIC und ihrer traurigen Geschichte befassen, untereinander absolut nicht grün sind.

Bei einigen kann man da fast schon von Feindschaft sprechen. Wie oft hätte ich am liebsten einige dieser Streithähne geschüttelt und sie daran erinnert, dass wir aus der sogenannten „TITANIC-Szene" uns doch alle für dasselbe Thema interessieren. Also warum dann soviel böses Blut? Das habe ich bis heute nicht verstanden.

Niemand weiß alles, oder kann wirklich alles über die TITANIC wissen. Aber manch einer führt sich auf, als ob er die TITANIC-Weisheit mit Löffeln gegessen hätte und allwissend wäre. Fast so, als ob ihm die Geschichte der TITANIC ganz allein gehören würde. Jeder einzelne hat bei der TITANIC seinen Bereich, der ihm am meisten fasziniert und bewegt. Niemandem „gehört" die TITANIC alleine. Sie „gehört" uns allen.

Ich weiß, dass ich auch mit dieser aktualisierten Ausgabe meines Buches erneut anecken werde und viele werden auf mir herumhacken, weil ich in einigen Dingen eben nicht die Mainstream-Meinung zur TITANIC vertrete. Aber ich nehme mir nach so vielen Jahren die ich mit der Erforschung der Historie der TITANIC verbracht habe das Recht heraus, auch einmal kritisch hinterfragen zu dürfen und auch auf einige sehr deutliche Ungereimtheiten hinzuweisen.

Nicht alles, was so über die Geschichte der TITANIC verbreitet wird, muss man kritiklos übernehmen ohne nachzufragen. Aber viele Möchtegernexperten, von denen man zuvor noch niemals etwas gehört hat, tun das und verunglimpfen jene die das nicht tun. Die sind dann entweder „Verschwörungstheoretiker" oder „sehr schlechte Buchautoren". Oder ganz einfach auch „Idioten".

Was sich wahrscheinlich niemals abstellen lässt ist, dass sich immer neuere Legenden über die TITANIC bilden.

Keine Legende ist, dass die White Star Line zur IMM (International Mercantile Marine) des amerikanischen Finanziers J. P. Morgan gehörte.

Diese Tatsache macht den berühmten Luxusliner aber noch lange nicht zu einem amerikanischen Schiff wie ich in einigen Publikationen bereits lesen musste.

Kein Mensch würde beispielsweise den englischen Fußball-Rekordmeister Manchester United als amerikanischen Fußball-Club bezeichnen nur weil dort ein amerikanischer Großinvestor eingestiegen ist. Aber bei der TITANIC wird sinngemäß genau das getan.

Wenn man dann darauf hinweist, ist man dann gleich bei einigen „Experten" unten durch.

Naja, was soll man dazu noch sagen?...

Für mich wird die Historie dieses großartigen Schiffes, dem leider eine nur so kurze Lebensdauer vergönnt war, immer faszinierend bleiben. Und ich denke, vielen anderen geht es genauso.

Es bleibt nur zu hoffen, dass ihr ein „zweiter Untergang" erspart bleibt.

Norbert Zimmermann, im Mai 2022

Danksagungen

Am Ende dieses Buches möchte ich meiner Frau Yvonne danken, die sich die Mühe des Korrekturlesens gemacht hat.

Ich danke Anka Schlayer für ihre fortwährende Unterstützung und die vielen Anregungen bezüglich der Änderungen an dieser Neuauflage.

Last but not least, danke ich meinen Freunden, die meine Vorliebe für dieses großartige Schiff all die Jahre ertragen haben.

Norbert Zimmermann ist ein deutscher Autor und Historiker und erforscht seit fast drei Jahrzehnten die Geschichte der TITANIC. Er hat sich einen sehr guten Ruf als Titanic-Historiker erworben und wurde als Autor und Historiker zu mehreren Titanic-Veranstaltungen im englischsprachigen Raum eingeladen.

Quellenangaben

Newsticker des Titanic-Museum-Germany

National Geographic Ausgabe Dezember 2004

Das Geheimnis der TITANIC 3800 Meter unter Wasser –
Robert Ballard, 1987

TITANIC – Einblicke in den englischen
Untersuchungsbericht – Andreas Pfeffer

Titanic-Das Ende einer Illusion – Norbert Zimmermann,
Books on Demand, 2011

Beyond reach - The Search for the Titanic – William
Hoffmann & Jack Grimm, 1982

Titanic Post Nr. 82 (Dezember 2012)

Die letzten Geheimnisse der „TITANIC „ – Donald
Lynch, Ken Marshall 2003

Die Titanic im Detail -Tom McCluskie (Bechtermünz
Verlag,1998)

Ein Schiff unter Anklage- Senan Molony (Books on
Demand, 2002)

TITANIC- The final words – TV- Dokumentation von
James Cameron, 2012

Bildnachweise

Titanic Engineers Memorial in Southampton: Privatfoto des Autors

Titanic at the docks of Southampton: gemeinfrei

Titanic leaving Southampton: Sammlung des Autors

Der Grabstein von Sidney Leslie Goodwin: Privatfoto des Autors

Das Bild des Bugs der TITANIC ist gemeinfrei, da es Material enthält, das von einem Angestellten der National Oceanic and Atmospheric Administration im Rahmen seiner offiziellen Arbeit erstellt wurde.

Titanic Vereine und Webseiten

Deutscher Titanic-Verein von 1997 e.V

https://www.titanicverein.de

British Titanic Society

https://www.britishtitanicsociety.com

Belfast Titanic Society

http://www.belfast-titanic.com

Titanic Verein Schweiz

https://titanicverein.ch

Titanic Historical Society

https://titanichistoricalsociety.org

Empfehlenswerte Literatur zum Thema:

Walter Lord
Die letzte Nacht der Titanic
ISBN-13: 9783596192694

David Haisman
"I´ll see you in New York"
ISBN 0-6463-3236-8

David Haisman
TITANIC – The Edith Brown Story
ISBN: 978-1-4389-6182-8

Jens Ostrowski
Die Titanic war ihr Schicksal
ISBN 978-3-00-066803-6

Donald Lynch, Ken Marshall
Ghosts of the Abyss
ISBN: 0-306-81223-1

Susan Wels
TITANIC – Schicksal& Vermächtnis des Ozeanriesen
ISBN 3 -8289-0328-2

James Cameron
Mission TITANIC
ISBN: 978-3667102393

Malte Fiebing
TITANIC (1943): Die Nazis und das berühmteste Schiff der Welt
ISBN: 978-3844810585

Lawrence Beesley
Tragödie der Titanic
ISBN: 9783782206976

Simon Medhurst
TITANIC Day by Day (366 Days with the TITANIC)
ISBN: 978 139901 143 3

Weitere Bücher des Autors:

Titanic – Das Ende einer Illusion

Der legendäre Luxusliner RMS TITANIC versank am 15.April 1912 um 2.20 Uhr im eisigen Nordatlantik und riss über 1500 Menschen in den Tod. Dieses Buch erzählt die vollständige Geschichte der TITANIC, beginnend bei ihrem Bau, der Jungfernfahrt mit der folgenschweren Kollision mit einem Eisberg bis hin zur Entdeckung des Wracks in knapp 4000 Metern Tiefe.

ISBN 978-3-8423-5034-2, 252 Seiten

Schicksal Titanic

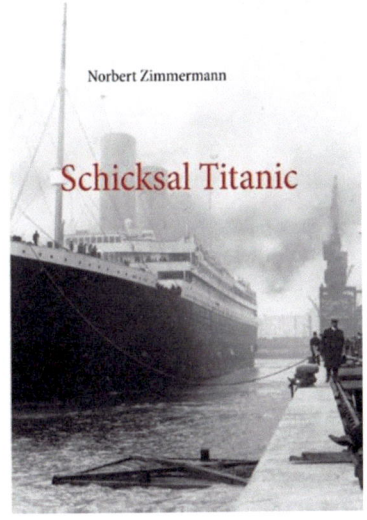

Der Untergang der TITANIC war für die Überlebenden
der Tragödie ein schweres Trauma. Dieses Buch erzählt
die Geschichten der Überlebenden und zeigt, wie eines
der größten Schiffsunglücke aller Zeiten von den
Betroffenen selbst erlebt wurde.

ISBN 978-3-8482-2125-7, 184 Seiten

TITANIC – Chronologie einer Katastrophe

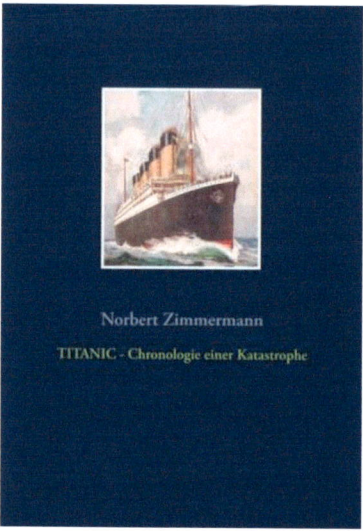

Dieses Buch erzählt die Geschichte der TITANIC beginnend mit ihrer Planung und Fertigstellung im irischen Belfast bis zum Auslaufen in Southampton. Der Verfasser des Buches zeigt auch die Ungereimtheiten auf, die sich um die Kollision der TITANIC mit dem Eisberg ranken und beschreibt, was nach Stand der TITANIC-Forschung in den letzten Stunden vor dem Untergang geschehen ist. Auch auf die vielen tragischen Schicksale der Tragödie wird ausführlich eingegangen sowie die späteren Sündenböcke der Katastrophe näher beleuchtet. **ISBN 978-3748141471, 396 Seiten**

Das Buch ist auch in englischer Sprache unter „TITANIC- Chronology of a Disaster" erschienen. **ISBN 978-3753406473, 370 Seiten**